3年9カ月で5975万円
を稼いだ投資術

Toiresumaho de mugen10baikabu
by TenbaggertoshikaX

トイレスマホで「無限10倍株」

兼業・個人投資家
テンバガー投資家X
本業と育児で絶賛忙殺中！

KADOKAWA

仕事に、子育て。
だいたい「忙殺」されている僕は
株取引を「あの場所」でせざるをえなかった。
それでも、利益は……。

【実録】2023年、医療系人材の某銘柄だけで計1160万円の利益

僕はとにかく、忙しい。

毎日の仕事は激務で、ストレスは過多状態。すべての仕事を終えて職場を出るのはだいたい20時過ぎで、そのころにはもう、心身共にヘトヘトです。

家に帰れば、3人の子どもたちが飛びついてきます。一番上は小学生で、下の2人はまだ幼稚園児。一番手がかかる年齢なので、子どもたちが起きている間や休日は、ゆっくり自分の時間というわけにはいきません。

仕事と育児でいっぱいいっぱいの毎日ではあるけれど、それでも僕には絶対にあき

らめたくないライフワークがある。それが、**株式投資**です。

本業の仕事をこなしながら株で利益をあげている兼業トレーダーの多くは、休日や帰宅後に銘柄研究をしたり決算を吟味したりと、それなりに手間暇をかけていることは知っています。

でも、僕にはそんな時間がない。ただでさえ多くはない家族との時間を、これ以上削りたくはないのです。


2023年7月12日。

この日も、下の子どもたちに顔をバンバン叩かれて目覚めました。

人一倍早く起きて大騒ぎを始める割には、まだ自分では支度もままならない年齢なので、朝はまさに戦場。朝食を用意して、幼稚園児に食べさせてやり、着替えをさせ、トイレに行かせて、歯を磨き、髪を結んでやり、体温を測って連絡帳に記入し、日焼け止めを塗る。これが2人分です。身支度はひとりでできるはずの小学生だって、まだまだ手がかかる。当然夫婦で分担していますが、それでも息つく暇もありません。

なんとか小学生を送り出し、妻が下の子どもたちを連れて出ると、ここでようやく、自分の支度ができる僕だけの時間です。

スマホを手にトイレに入り、ふうっ、と一息。

育児でも仕事でもない、僕の大切な朝のルーティンはここから始まります。**ライフワークである株式投資の舞台は、主にトイレなのです。**

ひとりで在宅しているときぐらいはトイレにこもる必要はないのですが、職場にいるときのクセでつい持ち込んでしまうのです。

真っ先に起動するのはもちろん、証券会社の取引アプリ。保有している銘柄の株価を一通りチェックした後、今一番気になっている銘柄、グッピーズ（５１２７）の銘柄情報を開きます。

株式市場がオープンする9時を待たなくても、気配値（いくらの株価で何株の売り注文、あるいは買い注文が出ているのかを示す表）を見れば、その日の始まりの株価（寄り付き）はだいたい予想がつきます。1週間前の7月5日と6日に仕込んでおいたグッピーズの株価には、大きな動きはなさそうでした。

「今日はこのまま様子見かな……」

グッピーズは医療・介護・福祉業界に特化した採用支援事業を展開する企業で、特に歯科医院に強みを持っています。2022年に上場したばかりのフレッシュな銘柄で、上場から3か月後に信用買いして1500株現引（信用取引の買い方が転売しないで現物を引き取ること）したものを、今もずっと保有し続けている僕のお気に入り銘柄のひとつです。

この日は、株式市場がクローズした後に、同社が決算を発表することになっていました。3か月前である4月に発表した前回決算では、この期の業績計画を上乗せして更新する上方修正を発表し、株価は2営業日連続でストップ高（買いたい人が多すぎて値幅制限にひっかかっている状態）していました。

先週は、この前回決算の発表前の水準まで株価が落ちてきていたので、買いチャンスと判断して投資していたのでした。これだけ下がっているということは、2回連続で良い決算が出るとは市場が期待していないという解釈ができるので、及第点程度の決算でも株価は上昇するだろうという戦略を立てたのです。

それでも、油断は禁物です。決算前後の株価は思わぬ値動きをするものなので、今日は仕事中のトイレ休憩で必ず株価をチェックしようと決め、身支度を整えて家を出ました。

職場に出勤しても、株価が気になって仕方がありません。休憩のトイレでさっそくアプリを開くと、2800円ぐらいで買えたグッピーズ株は、2900円を超えて推移していました。

「おや、上がっているのか……！　いったんここで利益確定したほうがいいかもしれないな」

決算当日に、7％も上昇するというのは、ちょっと危険かもしれません。市場は決算に期待していないから下落していると思って投資したのに、直前になってにわかに期待が高まってきたと判断できるからです。期待が大きいほど、裏切られたときのガッカリ感は大きいもの。普通に良い程度の決算では期待ハズレとがっかりされて、売り浴びせられることが多いのです。

そこで、戦略変更です。今のうちに売って、利益を確定しておくのがよさそうと判断しました。1週間前に短期売買用に仕込んでおいた3000株をすべてその場で売る注文を出して、慌ただしく仕事に戻りました。

そして、また早々に、次のトイレ休憩。

慌ただしく証券アプリを起動すると、数時間前にトイレで出しておいた売り注文は、2930円から2990円の間で、すべて売却できていました。

「よし！　うまくいったな！」

僕は上機嫌で、トイレを出ました。

●決算前のトイレトレード例

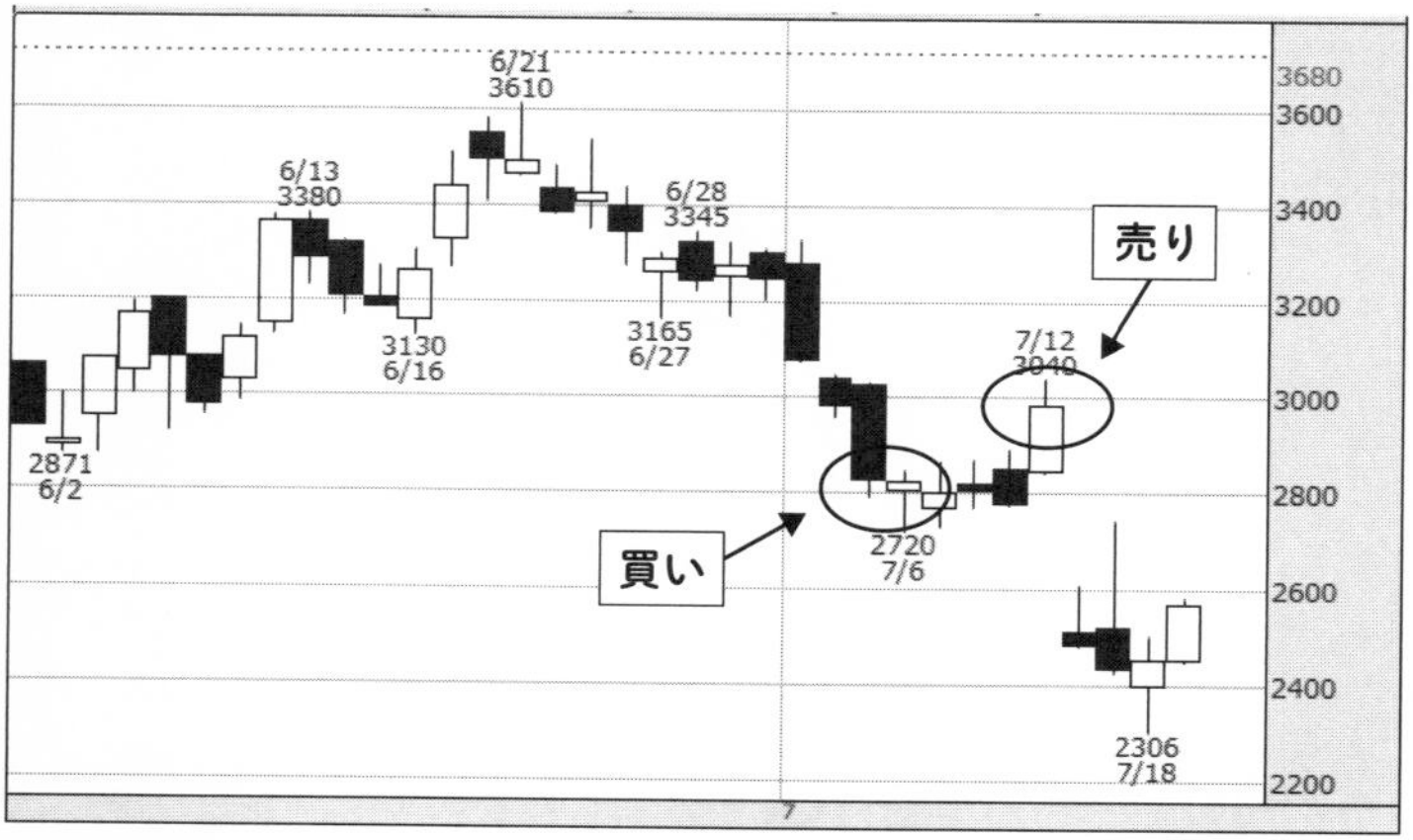

ストップ高をつけた前回の決算の発表前の水準まで落ちて来たチャンスで投資、次の決算発表を目前に大きく上昇したので、利益確定売りをした。チャート出所：「株探」https://kabutan.jp/

【実録】2023 年、医療系人材の某銘柄だけで計 1160 万円の利益

●トイレトレードの取引履歴の一部

時価総額が小さい銘柄の場合、1000 株以上のまとまった売買注文を出しても、注文は 1 度には成立せず、小刻みに約定することが多い。

23/06/14	–	–	2,912	17	–	36	–	
信返売(無期限) 東証	5127 グッピーズ / 東証							特定/申告
23/05/25 23/06/12	買建 400	3,200 3,320			1,280,000 1,328,000	88 88	1,861	+46,139
23/06/14	–	–	1,669	17	–	16	–	
信返売(無期限) 東証	5127 グッピーズ / 東証							特定/申告
23/05/25 23/06/12	買建 400	3,195 3,320			1,278,000 1,328,000	88 88	1,858	+48,142
23/06/14	–	–	1,666	17	–	16	–	
信返売(無期限) 東証	5127 グッピーズ / 東証							特定/申告
23/05/25 23/06/12	買建 200	3,180 3,320			636,000 664,000	43 44	924	+27,076
23/06/14	–	–	829	17	–	8	–	
信返売(無期限) 東証	5127 グッピーズ / 東証							特定/申告
23/07/05 23/07/12	買建 200	2,834 2,980			566,800 596,000	87 88	538	+28,662
23/07/14	–	–	347	8	–	16	–	
信返売(無期限) 東証	5127 グッピーズ / 東証							特定/申告
23/07/05 23/07/12	買建 100	2,849 2,980			284,900 298,000	44 44	270	+12,830
23/07/14	–	–	174	8	–	8	–	
信返売(無期限) 東証	5127 グッピーズ / 東証							特定/申告
23/07/05 23/07/12	買建 300	2,858 2,990			857,400 897,000	132 132	816	+38,784
23/07/14	–	–	526	8	–	26	–	
信返売(無期限) 東証	5127 グッピーズ / 東証							特定/申告
23/07/06 23/07/12	買建 200	2,736 2,930			547,200 586,000	87 88	400	+38,400
23/07/14	–	–	209	5	–	16	–	
信返売(無期限) 東証	5127 グッピーズ / 東証							特定/申告
23/07/06 23/07/12	買建 200	2,738 2,930			547,600 586,000	88 88	402	+37,998
23/07/14	–	–	210	5	–	16	–	
信返売(無期限) 東証	5127 グッピーズ / 東証							特定/申告
23/07/06 23/07/12	買建 400	2,739 2,930			1,095,600 1,172,000	178 176	814	+75,586
23/07/14	–	–	420	5	–	40	–	
信返売(無期限) 東証	5127 グッピーズ / 東証							特定/申告
23/07/05 23/07/12	買建 100	2,837 2,980			283,700 298,000	43 44	269	+14,031
23/07/14	–	–	174	8	–	8	–	
信返売(無期限) 東証	5127 グッピーズ / 東証							特定/申告
23/07/05 23/07/12	買建 100	2,835 2,980			283,500 298,000	43 44	268	+14,232
23/07/14	–	–	173	8	–	8	–	
信返売(無期限) 東証	5127 グッピーズ / 東証							特定/申告
23/07/05 23/07/12	買建 300	2,857 2,990			857,100 897,000	132 132	816	+39,084
23/07/14	–	–	526	8	–	26	–	
信返売(無期限) 東証	5127 グッピーズ / 東証							特定/申告
23/07/05 23/07/12	買建 200	2,842 2,980			568,400 596,000	92 88	552	+27,048
23/07/14	–	–	348	8	–	24	–	
信返売(無期限) 東証	5127 グッピーズ / 東証							特定/申告
23/07/05 23/07/12	買建 400	2,856 2,990			1,142,400 1,196,000	176 176	1,089	+52,511
23/07/14	–	–	701	8	–	36	–	
信返売(無期限) 東証	5127 グッピーズ / 東証							特定/申告
23/07/05 23/07/12	買建 100	2,833 2,980			283,300 298,000	43 44	268	+14,432
23/07/14	–	–	173	8	–	8	–	
信返売(無期限) 東証	5127 グッピーズ / 東証							特定/申告
23/07/06 23/07/12	買建 200	2,735 2,930			547,000 586,000	87 88	400	+38,600

この取引での利益は36・6万円。決算で暴騰すれば100万円も夢じゃないと思っていましたが、それはもう期待できないので、これで十分。わざわざ危ない橋を渡ることなんてないのです。

株式市場は午後3時にクローズし、決算の多くはその後で発表されます。僕は念のため、決算の内容と市場の反応も確認しようと夕方のトイレ休憩でもスマホを開きました。

見るとグッピーズが発表した2023年8月期の第3四半期決算の売上は前年同期比で31・5%増、営業利益にいたっては52・7%増。1年間の4分の3の期間である第3四半期で、売上は年間見通しの76%、営業利益は90%以上をすでに叩き出しています。

「普通に良い決算だけど、株価は下がりそうだな……」

僕は直感的にそう思いました。

良い決算なのに、なぜ下がるのか？　と思う人もいるかもしれません。

9か月間の成績表である第3四半期決算で、1年の計画値の9割の利益を稼ぎ出しているのなら、計画そのものを引き上げる上方修正が一緒に発表されてよいはずです。

しかし、このときはそれがありませんでした。

見通しの数字が変わらないというなら、残りの3か月は悪い決算を予想しているという解釈もできます。そうなると翌年に始まる次の期も、スタートは良くないと思われても仕方がないのです。株式市場は過去の成績よりも未来の予想で動くので、こういうときは大きく下がってしまうことが多いのです。

「どうやら明日も、チャンスが来そうだな」

僕はニヤリとして、トイレを後にしました。

9日間のトイレトレードで70万円超の利益が！

そして翌朝。

前日の決算を受けて大きく下げるようなら、再度買いを入れようと朝のトイレで戦略を立てました。前日の決算発表前には3000円に近い株価をつけて終えたのに、この日のスタートはなんと2514円。500円近い下げ幅です。

これはもう、買い一択。普通に良い決算を出しているのにここまで売られているのは、明らかに行き過ぎです。決算発表直前の水準に戻るには少し時間がかかるかもしれないけれど、いったんはリバウンドが来ると考えられます。

僕は慌ただしく2000株の注文を出してから、出勤しました。

休憩中のトイレで確認すると、すでに買い注文は成立していました。

約定した価格よりも株価はさらに下落し、一時はストップ安をつけていました。この時点で5万円を超える含み損が出ていますが、大丈夫。大底で買うのは無理なの

●決算後の急落で再度チャレンジした際の取引成立画面

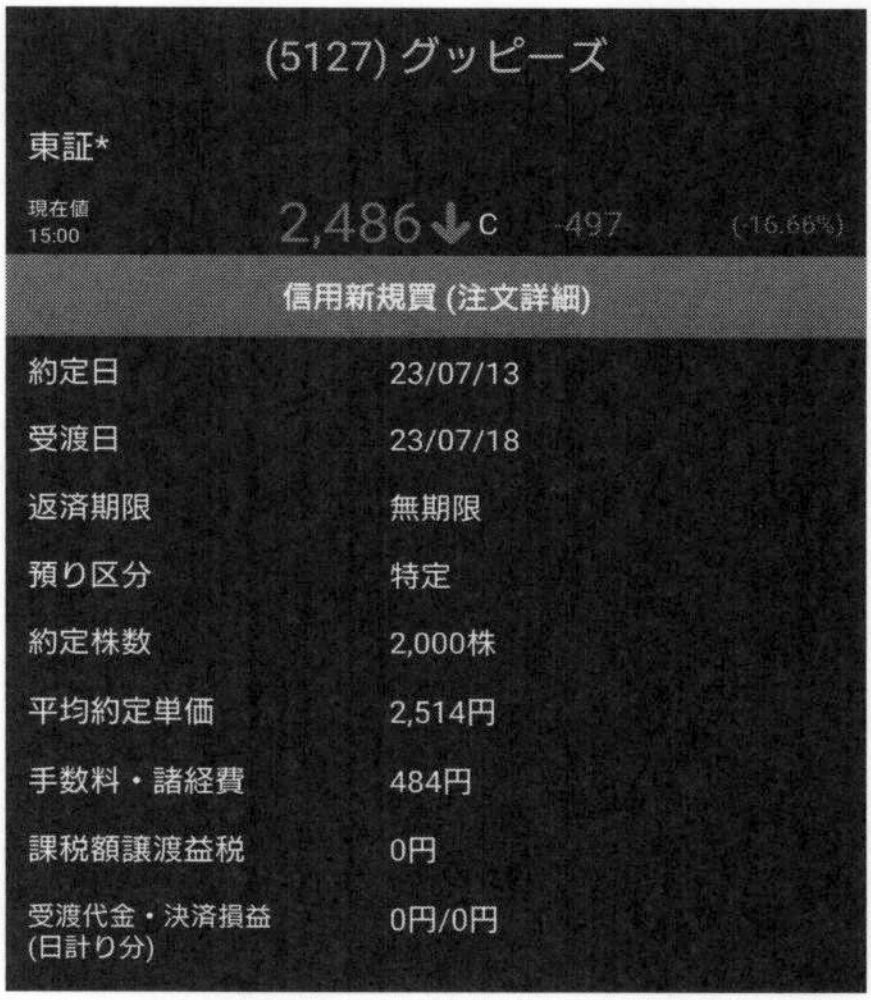

で、これでいいのです。

そして、翌日。

朝の株価は、前日と変わらない水準だったので、若干の不安を感じながら出勤しました。

今日は長い会議があるので、その間は株価チェックができないし、注文も出せません。そこで、もし会議中に上昇したらすかさず売れるよう、直前のトイレで２７４０円の指値注文（金額を指定して出す注文）を出し、会議に臨みました。

会議が終わってトイレに駆け込み、

●決算をはさんで2度のトイレトレード

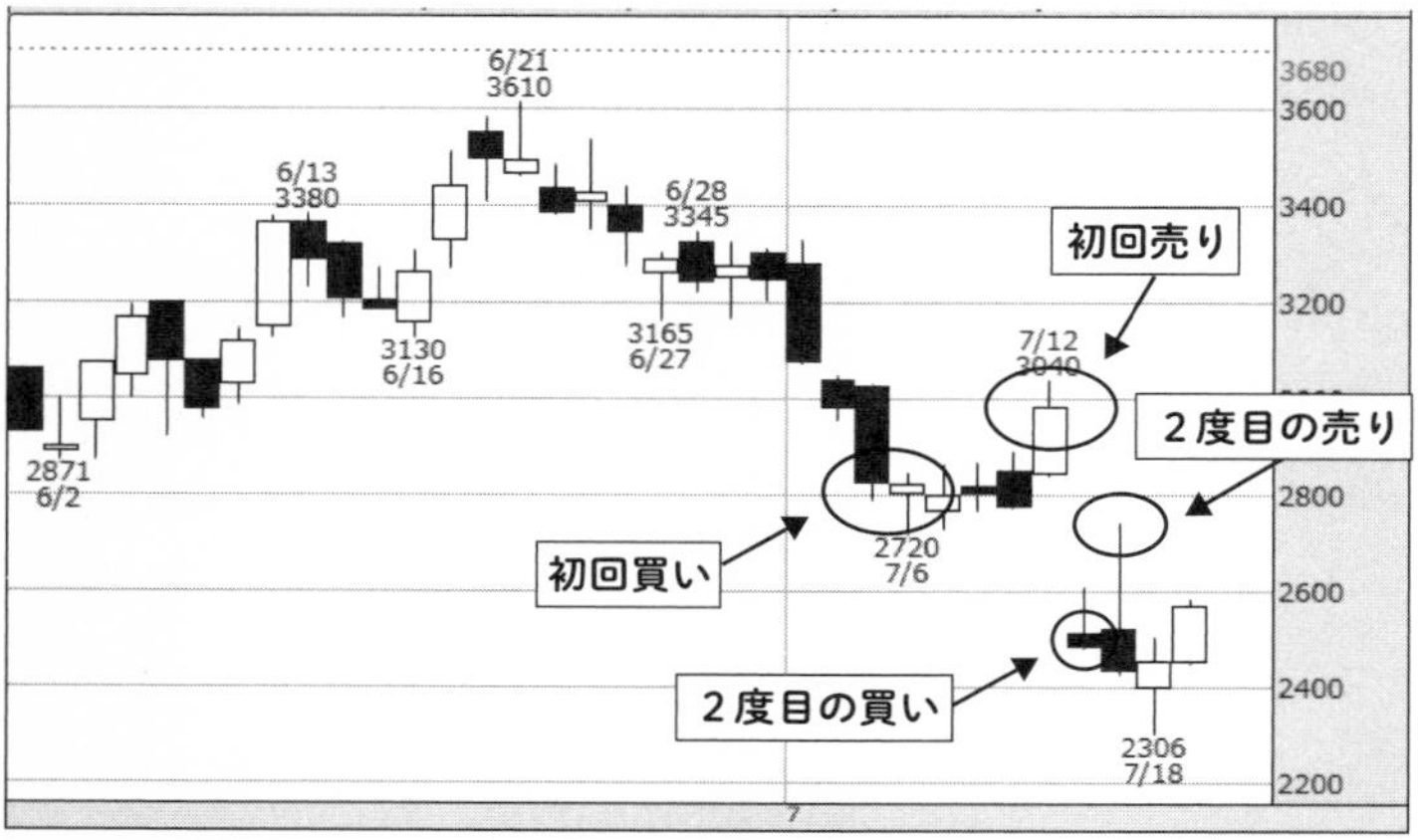

2度のトイレトレードで70万円超の利益を稼ぎ出した。チャート出所：「株探」https://kabutan.jp/

スマホを確認すると、なんとあの注文はすべて約定していました！

税引き後35・8万の利益です！　2日間で完結できた取引としては、上出来です！　決算前のトレードを合わせると70万円超を2週間で稼ぎ出しました。

実は、2023年に入ってから、今回と同じようなグッピーズの短期売買を数十回繰り返しており、なんと全勝しています。トイレトレードだけで、累計の利益は1160万円を超えており、とても相性のいい銘柄のようです。

僕は決算発表前の値動きをうまくとらえて利益を出したのに加え、決算発表を受けて売りが殺到して一時ストップ安をつけていた日に再び2000株の買いを入れ、利益を得ました。

普通だったらこうした局面では、たとえ下がるのを待ち構えていた投資家であっても、「もっと下がるのではないか」と感じて、怖くて買えないものですが、僕は自信満々で買えています。

それはなぜでしょうか？

それは、良い銘柄だと確信できているからです。そして、この良い銘柄を何度も取引して、値動きに慣れているからです。

僕は、業績が良く、株価が上がると考えられる銘柄を厳選し、それを現物で長期保有してじっくり値上がりを待ちながら、短期取引も並行して投資資金を増やしています。

要するに、株価が2倍、3倍、10倍になるまでじっくりと保有しながら、それとは

●2度目のトイレトレードの利益確定成立画面

税引き後で35万8765円の利益。

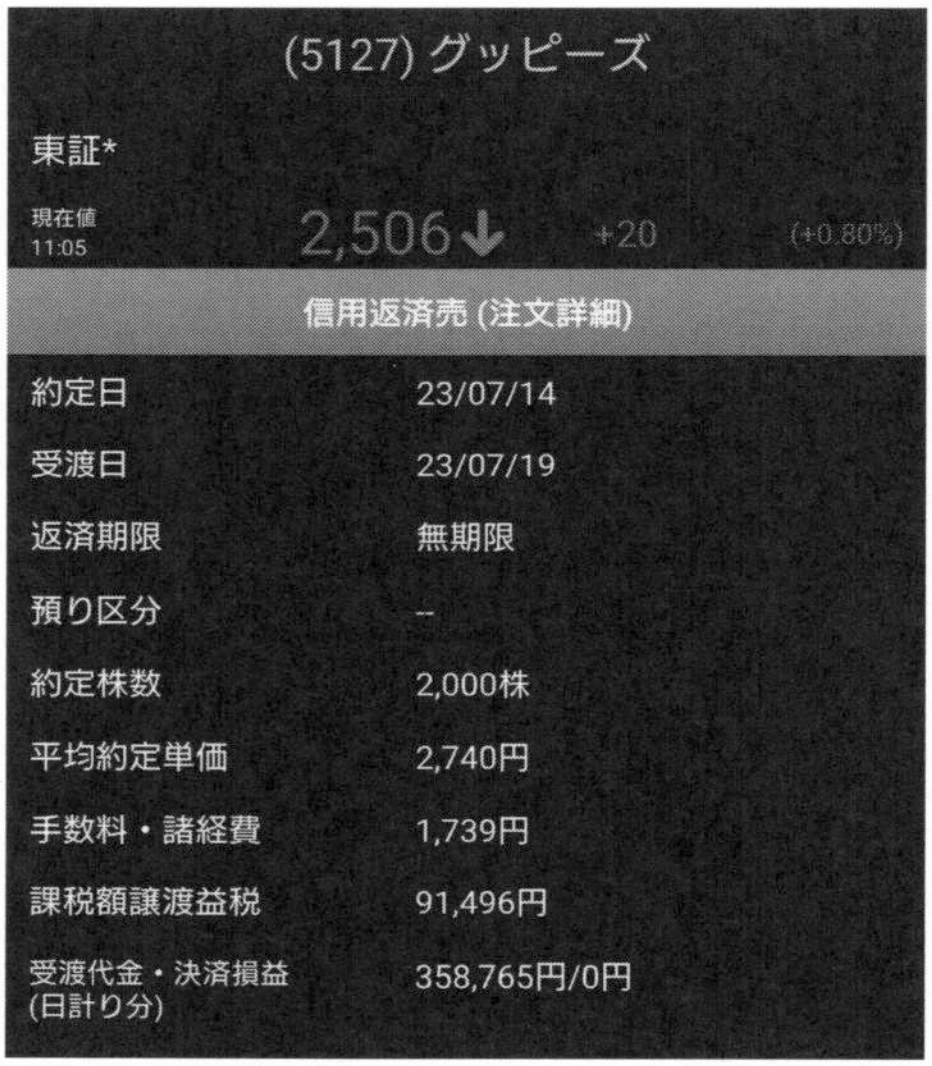

別に同じ銘柄を短期で回転売買して稼いでいるのです。

成長期待の高い銘柄の株価が10倍になるまでの間には、無数の変動を繰り返しています。一般的に短期売買や信用取引（資産の約3倍の取引ができるしくみ）はハイリスクとされていますが、良い銘柄だけに絞り込むことで、そのリスクはある程度低く抑えられます。同じ銘柄を何度も取引することになるので、その銘柄の値動きのクセも把握でき、繰り返すほどに勝率は高まります。そうすることで、ひとつの銘柄で株価10

【実録】2023 年、医療系人材の某銘柄だけで計 1160 万円の利益

●2023 年のグッピーズでの短期投資取引履歴

取引 建市場 / 建日 決済日 受渡日	銘柄 / 決済市場 / 買/売建 決済数量 管理費	建単価 決済単価 貸株料	金利	日数	建代金 決済代金 逆日歩	新規手数料 決済手数料 消費税	諸費用計 書換料	預り/課税 / 受渡金額/決済損益
信返売(無期限) 東証	5127 グッピーズ / 東証							特定/申告
23/01/11	買建	1,513			151,300	29	210	
23/01/23	100	2,159			215,900	27		+64,390
23/01/25	--	--	150	13	--	4	--	
信返売(無期限) 東証	5127 グッピーズ / 東証							特定/申告
23/01/11	買建	1,514			454,200	88	639	
23/01/23	300	2,159			647,700	82		+192,861
23/01/25	--	--	452	13	--	17	--	
信返売(無期限) 東証	5127 グッピーズ / 東証							特定/申告
23/01/11	買建	1,514			454,200	88	639	
23/01/23	300	2,155			646,500	82		+191,661
23/01/25	--	--	452	13	--	17	--	
信返売(無期限) 東証	5127 グッピーズ / 東証							特定/申告
23/01/11	買建	1,514			757,000	146	1,071	
23/01/23	500	2,157			1,078,500	140		+320,429
23/01/25	--	--	754	13	--	31	--	
信返売(無期限) 東証	5127 グッピーズ / 東証							特定/申告
22/12/28	買建	1,414			141,400	8	329	
23/01/23	100	2,160			216,000	27		+74,271
23/01/25	--	--	292	27	--	2	--	
信返売(無期限) 東証	5127 グッピーズ / 東証							特定/申告
23/01/18	買建	1,983			1,983,000	440	1,556	
23/01/23	1,000	2,160			2,160,000	146		+175,444
23/01/25	--	--	912	6	--	58	--	
信返売(無期限) 東証	5127 グッピーズ / 東証							特定/申告
23/01/11	買建	1,514			454,200	89	640	
23/01/23	300	2,146			643,800	82		+188,960
23/01/25	--	--	452	13	--	17	--	
信返売(無期限) 東証	5127 グッピーズ / 東証							特定/申告
23/01/18	買建	2,004			2,004,000	440	1,570	
23/01/23	1,000	2,160			2,160,000	148		+154,430
23/01/25	--	--	922	6	--	60	--	
信返売(無期限) 東証	5127 グッピーズ / 東証							特定/申告
23/01/18	買建	2,011			2,011,000	440	1,569	
23/01/23	1,000	2,160			2,160,000	146		+147,431
23/01/25	--	--	925	6	--	58	--	
信返売(無期限) 東証	5127 グッピーズ / 東証							特定/申告
22/12/28	買建	1,420			2,698,000	171	6,471	
23/01/24	1,900	2,250			4,275,000	440		+1,570,529
23/01/26	--	--	5,795	28	--	65	--	
信返売(無期限) 東証	5127 グッピーズ / 東証							特定/申告
22/12/28	買建	1,420			1,988,000	126	5,475	
23/01/26	1,400	2,267			3,173,800	411		+1,180,325
23/01/30	--	--	4,880	32	--	58	--	
信返売(無期限) 東証	5127 グッピーズ / 東証							特定/申告
22/12/28	買建	1,416			141,600	8	386	
23/01/26	100	2,267			226,700	29		+84,714
23/01/30	--	--	347	32	--	2	--	
現引(無期限) 東証	5127 グッピーズ / --							特定/--
23/02/03	200	2,663			532,600	44		+36,800
23/02/07	--	--	304	8	--	8	--	
信返売(無期限) 東証	5127 グッピーズ / 東証							特定/申告
23/01/27	買建	2,461			246,100	22	199	
23/02/03	100	2,663			266,300	22		+20,001
23/02/07	--	--	151	8	--	4	--	
信返売(無期限) 東証	5127 グッピーズ / 東証							特定/申告
23/01/27	買建	2,460			246,000	22	198	
23/02/03	100	2,663			266,300	22		+20,102
23/02/07	--	--	150	8	--	4	--	
信返売(無期限) 東証	5127 グッピーズ / 東証							特定/申告
23/01/27	買建	2,449			489,800	43	395	
23/02/03	200	2,663			532,600	44		+42,405
23/02/07	--	--	300	8	--	8	--	
信返売(無期限) 東証	5127 グッピーズ / 東証							特定/申告
23/01/27	買建	2,443			244,300	21	196	
23/02/03	100	2,663			266,300	22		+21,804
23/02/07	--	--	149	8	--	4	--	
信返売(無期限) 東証	5127 グッピーズ / 東証							特定/申告
23/01/27	買建	2,450			245,000	21	197	
23/02/03	100	2,663			266,300	22		+21,103
23/02/07	--	--	150	8	--	4	--	
信返売(無期限) 東証	5127 グッピーズ / 東証							特定/申告
23/03/01	買建	2,198			219,800	43	179	
23/03/03	100	2,404			240,400	44		+20,421
23/03/07	--	--	84	5	--	8	--	
信返売(無期限) 東証	5127 グッピーズ / 東証							特定/申告
23/03/01	買建	2,204			440,800	89	362	
23/03/03	200	2,403			480,600	87		+39,438
23/03/07	--	--	169	5	--	17	--	
信返売(無期限) 東証	5127 グッピーズ / 東証							特定/申告
23/03/01	買建	2,204			220,400	45	182	
23/03/03	100	2,404			240,400	44		+19,818
23/03/07	--	--	84	5	--	9	--	
信返売(無期限) 東証	5127 グッピーズ / 東証							特定/申告
23/03/01	買建	2,204			881,600	177	730	
23/03/03	400	2,402			960,800	177		+78,470
23/03/07	--	--	338	5	--	38	--	
信返売(無期限) 東証	5127 グッピーズ / 東証							特定/申告
23/03/01	買建	2,201			220,100	43	179	
23/03/03	100	2,404			240,400	44		+20,121
23/03/07	--	--	84	5	--	8	--	
信返売(無期限) 東証	5127 グッピーズ / 東証							特定/申告
23/03/01	買建	2,197			219,700	43	179	
23/03/03	100	2,405			240,500	44		+20,621
23/03/07	--	--	84	5	--	8	--	
信返売(無期限) 東証	5127 グッピーズ / 東証							特定/申告
23/04/11	買建	2,770			277,000	44	176	
23/04/13	100	3,675			387,500	20		+110,324
23/04/17	--	--	106	5	--	6	--	
信返売(無期限) 東証	5127 グッピーズ / 東証							特定/申告
23/04/11	買建	2,771			554,200	88	353	
23/04/13	200	3,875			775,000	41		+220,447
23/04/17	--	--	212	5	--	12	--	
信返売(無期限) 東証	5127 グッピーズ / 東証							特定/申告
23/04/11	買建	2,773			554,600	89	358	

2023 年のグッピーズの取引記録の一部。値動きのクセもかなり把握できているおかげか、相性がいいのか、この銘柄では全勝中。グッピーズのトイレトレードだけで 1160 万円を超える利益を稼ぎ出した。

倍どころではなく、無限の利益が期待できるのです。

僕が株式投資を始めたのは学生時代。当時は今に比べれば時間はたっぷりあったはずなのに、負けてばかり。全然稼ぐことができませんでした。

でも今は違います。落ち着いて銘柄分析する時間はないし、チャートとにらめっこする余裕もなく、職場のトイレでバタバタと注文を出しているだけなのに、それでも勝てています。

それは現在の手法であるこのトイレトレードに落ち着いた2020年から、投資成果を飛躍的に伸ばすことができたからです。

2019年まではほぼ毎年損失を出していたのに、2020年にはそれまでに投じた700万円を269％となる1886万円まで増やし、翌年には482％となる3374万円に、そして、2023年は執筆時点の9月末で953％！　運用資産は6675万円にまで成長させることができました。要するに、約3年半で資産を9倍超にできているのです。投資銘柄の中には、株価が17倍になった銘柄、要するにテンバガー銘柄もあります!

信用取引で300株も日常的に取り引きできるなら、儲けるのも簡単だろう?と反論する人もいるかもしれません。そこで、主力の口座とは別に、100万円の元手資金で2023年1月から「Twitter(現X)100万円チャレンジ」をスタートさせています。

2023年9月末の時点で、その残高は175・5万円に到達しました。100万円の元手で、わずか9か月の期間で資産を1・75倍にできたのですから、もう少し時間をかければ2倍3倍、そして10倍も夢ではないと思いませんか?

今、この本を手に取ってくれているあなたが、銘柄を研究する時間も知識もないから個別株投資は無理——。そんな風に思っているとしたら、今すぐその考えを改めてください。

僕のように、仕事もプライベートも忙しい激務の子育て世代でも、トイレ休憩で慌ただしく取引することしかできない投資家でも、十分に成果は出すことができます。

●テンバガー投資家Xの投資成績推移

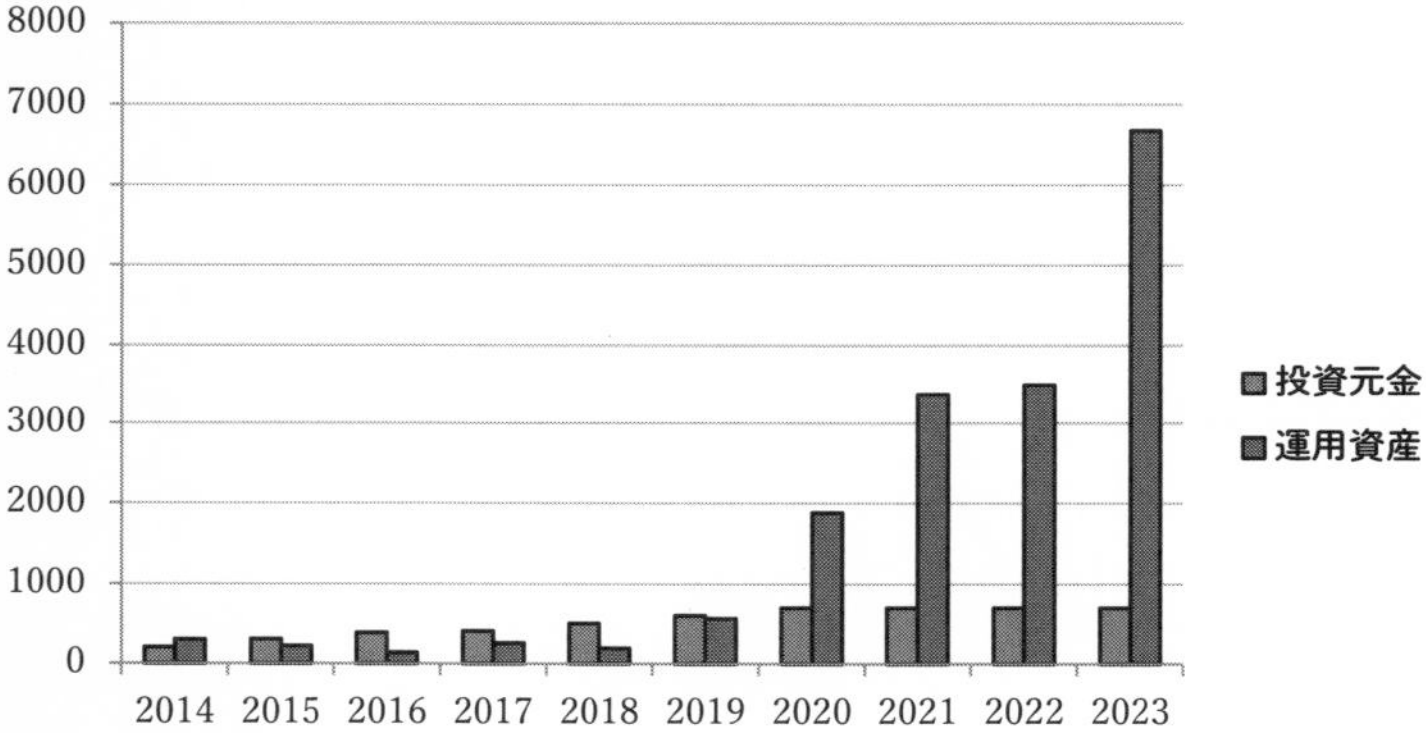

2019年までは投資で資産を減らす日々が続いたが、現在の投資法への切り替えが完了した2020年からは飛躍的にパフォーマンスが改善している。

●Twitter（現X）チャレンジの口座残高

100万円を元手にどれだけ増やせるかにチャレンジしている口座での株式評価額は162万4200円に。すでに確定させた利益で買い増しした銘柄もあり、100万円を9か月で175万5580円に増やした計算。口座の評価額が6000万円を超えてしまっているのは、6000万円の現金を入れているため。

難しそうに感じたかもしれませんが、そんなことはありません。だれでもできる投資です。

本書では、僕のようなトイレトレーダーでも株式投資で勝ち、株価10倍、そしてそれ以上の無限利益を積み重ねていくための手法を紹介しています。これまでトレードの時間が取れなかった人、トイレで慌ただしく取引して失敗した人、ナンピンを繰り返してドツボにハマってきた人も、ほんの少し、視点を変えるだけで勝てる投資家に生まれ変わることは可能です。

株で成功して、人生を変えましょう。それは決して、夢ではないのです。

第1章 15年間負け続けた僕が「無限利益」を出せるようになったワケ

第2章
落選でも余裕で10倍株を狙えるＩＰＯ投資法

第3章
「無限10倍株」のスクリーニング11カ条

第4章 最短時間でテンバガーを見つけ、低リスクにエントリーする方法【失敗例コミ】

第5章 トイレスマホの神様降臨！ 無限に稼ぐ短期売買の極意

第6章 テンバガー投資家を目指す5の心得 【新NISA即対応編】

第7章
直近IPOの注目銘柄6選。その投資方針と判断基準

●本書は特に断りのない限り、コンテンツの多くは2023年1月〜9月執筆時の情報を元に作成しています。本書刊行後、金融に関連する法律、制度が改正、または各社のサービス内容が変更される可能性がありますのであらかじめご了承ください。

●本書は株式投資情報の提供も行っていますが、特定の銘柄の購入を推奨するもの、またその有用性を保証するものではありません。個々の金融サービス、またはその金融商品の詳細については各金融機関にお問い合わせください。

●株式投資には一定のリスクが伴います。売買によって生まれた利益・損失について、執筆者ならびに出版社は一切責任を負いません。株式投資は必ず、ご自身の責任と判断のもとで行うようにお願い致します。

装丁　井上新八
校正　あかえんぴつ
本文デザイン・DTP　キャップス
執筆協力　森田悦子
編集協力　吉田桐子
編集　荒川三郎（KADOKAWA）

第1章

15年間負け続けた僕が「無限利益」を出せるようになったワケ

スキマ時間が「無限ボーナスタイム」に変わった

改めまして、テンバガー投資家Xです。僕は激務の本業をこなしながら、トイレ休憩などのスキマ時間で株式投資に取り組む兼業投資家です。

投資の経験そのものは20年以上ありますが、5年前にある投資法に出合ったことで、成績が爆上がりしています。それまでは儲《もう》かることもあるけれど大損することも多く、トータルではマイナスという泣かず飛ばずの状態が続いていました。それが最近は、10年以上損ばかり出していたのが嘘のように、利益を出せるようになり、資産がどんどん増えているのです。

僕が株式投資をスタートしたのは2003年、大学1年生の秋でした。もともと経済には興味があって、高校時代は日本史や世界史を受験科目に選ぶ同級生が多い中、政治経済を熱心に勉強していました。大学生になってからも経済関連の科目を選択したり、本を読んだりなどしながら自分なりに勉強を続けていました。

当時はまさにデフレ経済の真っただ中。物価は下がるのが当たり前で、激安価格を売りにする店が大繁盛している時代でした。しかし当時の僕は、こんなデフレはいつまでも続かないのではないか、と思うようになっていました。

何も難しいマクロ経済の分析ができていたわけではなく、素直に考えればそうとしか思えなかったのです。なにしろ日本の財政状況は当時から切迫しており、毎年、莫《ばく》大《だい》な金額の新規国債を発行していました。国の借金である国債の残高はうなぎのぼりに増えているのに、この借金を劇的に減らせるような見込みはまったく立っていません。このままでは日本の財政はどんどん悪化して、抜き差しならない状況になるという危機感を抱いていたのです。

このまま国の借金が増え続ければ、とても返済は追いつかないでしょう。しかもデフレとはお金の価値が上がっていくことですから、そんな状態が続いていけば借金はますます重くなるので、こうしたデフレ状態が長く放置されることはあり得ないように思えました。

一部の有識者は、「ゆるやかなインフレを人為的に起こして、借金を目減りさせるしかない」という意見をさまざまなメディアや著書で述べていました。確かにインフレが起きればお金の価値が減るので、借金の実質的な負担は軽くなります。それは十分あり得るシナリオで、むしろそれしか方法はないように感じられました。

いつかこのデフレは終わり、インフレが来る。そう確信した僕は、何かしなければならないと思うようになりました。インフレになれば、現預金の価値は目減りします。今思えばお金なんて全然持っていない学生がどうしてそこまで危機感を持ったのかわかりませんが、とにかく預金以外の方法で資産をつくり、インフレに対抗しなければならないと思い立ちました。

インフレが来れば日本円の価値は下がると考えた当時の僕が、最初に興味を持ったのは外国の資産です。銀行の店頭に利回り7%のアルゼンチン国債のポスターが貼られているのを見て、「こんなものがあるのか」と興味を惹《ひ》かれました。

しかし、調べてみるとアルゼンチンは過去にデフォルト（借りたお金を返済できなくなること）を起こしているのでリスクが高そうです。外貨をずっと持ちっぱなしにするのも考えましたが、為替相場は海外のちょっとした情勢の変化で乱高下すると知り、気後れしました。いくら学生といっても、四六時中マクロ経済の動向に目を光らせているなんて無理だと思ったからです。

結局インフレに対抗でき、なおかつ最も手がけやすいのは日本の株式ではないか、そう考えた僕は株式投資にトライすることにしました。物価が上がれば企業の売上もその分押し上げられるので、株価も上昇すると考えたからです。

たまたま、大学入学時に申請していた月10万円の奨学金を受けられることが決まり、4月から9月までの分60万円がまとめて振り込まれたので、それを軍資金に株式投資をスタートすることにしました。

テーマ株でうまくいかず、ITバブルで大損を食らう

初めて買った銘柄は、アルバック（6728）という会社だったと思います。真空技術を持つ会社で、半導体やディスプレーなどの製造装置を展開していました。

当時、有機ELという新しいディスプレーの技術が登場しており、テレビなどで鮮明な映像を映し出せる技術として注目されていました。当時の僕は、新しく画期的なテクノロジーを持つ企業なら業績が飛躍的に伸びて株価が上がるはずだと期待し、投資したわけです。同様に、有機EL関連の事業を行うトッキ（キヤノンによる子会社化で上場廃止）の株も買ってみました。

しかし、有機ELというテーマそのものが盛り上がって一時的に株が買われること

はあっても、その上昇が長続きすることはありませんでした。一時的に利益が出たところでうまく売る、ということができればよかったのでしょうが、そのタイミングもよくわかりませんでした。

今だからわかることですが、**新しい技術が企業の業績を上げるまでには長い時間がかかり、それが何十年も先になることも珍しくありません。こうした息の長いテーマで将来のポテンシャルだけを頼みに、限られた資金を投資するのは効率的ではありません。**しかも、有機ELは日本メーカーが量産化に失敗して撤退したので、二重の意味で失敗でした。

ITバブルの名残を頼りに、新興のIT企業にも注目しました。ライブドア、ソフトバンク、ヤフー、楽天、サイバーエージェントといった企業の株価が高騰し、それにうまく乗って巨額の利益を上げる個人投資家も登場していたからです。

これらの企業の株価は、割安度を示すPERが数百倍というとんでもない割高になっているものも多くありました。

PERは株価収益率という、株式投資でとても重視される指標です。**PERは小さいほどその株価は割安で、高いほど割高**だと判断されます。PERの水準は業種によって大きく異なるので、一概に何倍が適正だと決めることはできないのですが、**おおむね20倍以下であれば割安**とされます。**30倍、40倍と大きくなっていくとかなり割高とされて投資に二の足を踏む人が増えますが、これが3ケタを超えてくると明らかに超割高**です。ましては数百倍となれば、普通の投資家は高すぎて手を出せません。

当時の花形ＩＴ企業は、まさに超割高を示すＰＥＲがついていることが多く、株価もまさにバブル状態でした。

それでも、株価はどんどん上昇しています。バブルははじける直前まで踊り続けて、いち早く逃げられれば大きな利益を得られるものです。僕も勇気を出して投資をしてはみたものの、その途端に上場廃止になったり、増資（株を新規発行して増やすこと）をされて株価が大暴落したりという憂き目に遭い、トータルでは大損するという結果に終わりました。

アベノミクスの大相場にも乗れず

有機ＥＬや花形ＩＴ企業では失敗したけれど、将来有望な新しいテクノロジーに目をつけること自体は間違っていないし、意味があるはずです。次は、**安定的な収益を出せている企業の中から、新しい事業やサービスを展開する企業に注目してみる**ことにしました。

そこで目をつけたのが、次世代型太陽電池の開発・製造を本格化すると発表した昭和シェル石油（経営統合により2019年上場廃止）です。しかし、当時の日本の太陽電池は中国勢に大きく水をあけられてしまい、わずかな利益を出すことはできたものの、大きく儲けるということはできませんでした。

最初の資金となった奨学金に加えて、家庭教師のアルバイト代も投入して、学生時代にトータルで100万円ぐらいは投資しましたが、卒業するころには半分も残っていませんでした。僕は7年間という長い学生生活を送っており、その間にはあの100年に1度の金融危機とされたリーマンショックも経験したので、半分残っていただけでも御の字だったのかもしれません。

2010年に社会人になってからも、あきらめきれずに株式投資は続けていました。自分が下手なだけで、勝てる方法は必ずあると信じていたからです。幸い、収入は悪くはなかったので給料やボーナスを投資に回せるようになり、投資効率は格段にアップできたはずなのですが、それでも成績はまったくふるいません。ひとつだけ、イー・アクセスというＡＤＳＬの会社に投資した分は、ソフトバンクに買収されたことで１００万円ぐらいの利益を得ることができましたが、うまくいった投資といえばそれぐらいでした。

だったら、だれもが知るような東証一部（当時、現在はプライム市場）に上場する大企業であればリスクの低い投資ができるだろうと考えて、東芝（６５０２）やシャープ（６７５３）、三菱重工業（７０１１）などの大型株にもトライしました。

しかし東芝は東日本大震災の影響で原発の需要が低下し、シャープもまさかの赤字転落。三菱重工も期待していた国産ジェット旅客機の開発にとん挫し、結局断念しています。いずれの銘柄でも損失を出したうえ、中にはほぼ底値で損切りしてしまったものもあり、結果は散々でした。

ところが、その直後にアベノミクス相場がやってきました。アベノミクス相場とは、２０１２年11月、当時の民主党代表である野田佳彦首相が衆議院解散を表明し、翌月に衆議院議員総選挙を実施する意向を示したことを契機に始まった、日本株の上昇相場のことです。２０１２年12月にスタートした第２次安倍内閣で、安倍晋三首相

（内閣総理大臣）が掲げた「3本の矢」による経済政策が金融市場に大きなインパクトを与え、日経平均株価はめざましい上昇を見せたのです。アベノミクス前は8653円だった日経平均株価が、わずか2年半で2万円を超えたのですから、まさに歴史的な大相場です。

それこそ、日経平均株価に連動する投資信託や、日経平均株価に採用されているような大企業の株を適当に買って寝ているだけで、だれでも大儲けできたサルでも儲かる相場です。それなのに、当時の僕はその波にはまったく乗れていないという、泣くに泣けない状況でした。というのも、アベノミクス相場が始まる直前に大型株への投資で大失敗した経験から、大型株への興味を失っていたのです。

僕がそのとき見ていたのは主に時価総額が小さい企業や創業してまもない新興企業。当時の上昇相場を支えていたのは主に外国人投資家だったのですが、彼らは大型株にしか投資しないので新興企業はほとんど値上がりの恩恵を受けなかったのでした。

自分の保有株にはまったく動きがない中で、買っていない銘柄や、自分の持ち株とは関係ない日経平均株価ばかりがグングン上昇していくのを、指をくわえて見ているだけというまったく情けない状態でした。別に損をしたわけではないものの、もう何年も来ないかもしれない千載一遇の大チャンスに乗れなかったことで、すっかり自信を失いました。

自分に合う投資がなかなか見つけられない

株式市場には常に、ブームともいえるようなさまざまな波がやってきます。たとえば、2023年は、ＣｈａｔＧＰＴをはじめとする生成ＡＩやアフターコロナの経済正常化、ラグビーワールドカップといった投資テーマで、関連銘柄の株価が盛り上がりました。こうした投資テーマは、息の長いものもあれば、あっという間に終わってしまうものもあり、常に入れ替わっています。

それまでの僕も、有機ＥＬやＡＤＳＬ、ＩＴバブルといった投資テーマの波に必死に乗ろうとしてきました。乗ったはずの波がもう終わったかもしれないと思えば、次の波を探して乗ってきたけれど、さっぱりうまくいきません。

その後、株式市場など指数に投資して市場の成長に乗るインデックス投資ブームがやってきました。これは長期的に資金を増やしていこうとする人にはとても良い投資法だと思いますが、期待できる利益は年数%程度なので、早く資産を増やしたい僕には物足りませんでした。

そして、インデックス投資ブームの次にやってきたのが、米国株投資ブームです。しかし、このブームにも乗る気にはなれませんでした。マーケット全体で見れば、米国株そのものは日本株よりも成長力があり、利益のチャンスは大きいと思っていますが、どんなサービスに大きな成長余地があるのかがわからないし、景気の動向も実感として把握することができません。企業の情報も当然すべて英語なので細かいニュアンスがわからないし、時差もあるのでマーケットをウォッチすること自体が難しいからです。

投資におけるさまざまなブームに乗れないまま見送るうちに、こうした投資は自分には合わないのではないかと感じるようになりました。何をやってもうまくいかないし、持続可能とも思えませんでした。

それでも、投資をやめることは考えられなかったので、細々と継続はしていました。今思えば、仕事が忙しかったこともあり、大金を投じるようなことはなかったのが不幸中の幸いだったかもしれません。もし、自分に合わない投資に大金を投じて勝負に出ていたら、致命的なダメージを受けていたでしょう。

ローリスクハイリターンのＩＰＯ投資にあこがれて

うまくいかなかった投資の中には、**ＩＰＯ投資**もありました。ＩＰＯとは、Initial Public Offering の略語で、**上場していない企業が証券取引所に新しく上場して株を投資家に売り出し、株式を自由に売買できるようにすること**です。ＩＰＯ投資は、企業が新規に上場するタイミングでその株を手に入れる投資のことで、日本語では「**新規公開株投資**」などといわれます。

新規上場する際には、個人投資家が証券会社を通じて上場する前にその株を買う権利を手に入れることができます。このときの価格が「**公開価格**」です。公開価格は、**ＩＰＯをサポートする主幹事証券会社が決定するもので、適正と考えられる株価から２～３割ほど割引した価格で設定されるのが一般的**です。万が一にも売れ残るようなことがあれば証券会社が損をしてしまうので、投資家が割安感を感じる程度の価格を設定するのです。

この権利を得ることができれば、割安に設定された公開価格で株を手に入れることができます。市場で最初につく株価である「初値」は、公開価格より高くなるのが一般的なので、初値ですぐに売却すれば、多くの場合それだけで簡単に利益を出すことができるのです。

人気のＩＰＯ銘柄になると、公開価格の数倍の初値がつくケースもありました。ＩＰＯ投資は大きなリスクを取らなくても大きなリターンが期待できるため、当時からとても人気があったのです。

しかし、ＩＰＯ時に証券会社から配分される株数は限られています。その権利はきわめてレアで、なかなか手に入れられません。証券会社は多くの資産を投資してくれている得意客に配分するか、抽選を実施して当たった人に配分する方式をとっています。前者はある程度の資産を持っていないと難しいため、抽選に応募することになりますが、この倍率は非常に高く、なかなか当選しません。

僕は抽選にせっせと応募していましたが、初値の高騰が予想される人気銘柄の抽選にはかすりもせず、結果は落選ばかり。営業担当者がついてくれるような対面の証券会社の上客であれば、魅力的なＩＰＯを回してもらえるのでしょうが、当時の僕にそ

●テンバガー投資家Xの保有銘柄ポートフォリオ

本書執筆時点の2023年9月末でメイン投資であるIPOセカンダリ投資の資産は6088万円。後述する短期投資の含み益なども加えると約6675万円。700万円の元手は10倍まであと一息だ。画像は2023年12月現在のもの。保有19銘柄のうち18銘柄を公開。

ポートフォリオ

全て | 株式(現物) | 株式(信用) | 投信 | 債券 | CW

表示 / 一括 ▸ 個別 | 評価損益 ▸ 評価額

株式（現物/特定預り）

保有株数	取得単価	現在値	評価損益
1879 新日本建			現買 現売 信買 信売 株オプション
5,000	887	1,082	+975,000
3496 アズーム			現買 現売 信買 信売
2,400	489	7,910	+17,810,400
3774 ＩＩＪ			現買 現売 信買 信売 株オプション
400	1,188	2,649	+584,400
4480 メドレー			現買 現売 信買 信売 株オプション
200	1,338	4,160	+564,400
4485 ＪＴＯＷＥＲ			現買 現売 信買 信売
200	2,626	4,735	+421,800
5127 グッピーズ			現買 現売 信買 信売
1,500	1,413	2,632	+1,828,500
6098 リクルートＨＤ			現買 現売 信買 信売 株オプション
200	2,685	5,310	+525,000
7071 アンビス			現買 現売 信買 信売 株オプション
400	1,544	2,929	+554,000
7086 きずなＨＤ			現買 現売 信買 信売
2,500	1,044	1,673	+1,572,500
7320 日本リビング保証			現買 現売 信買 信売
1,500	1,968	2,929	+1,441,500
7386 ＪＷＳ			現買 現売 信買 信売
2,500	1,646	3,725	+5,197,500
7388 ＦＰパートナー			現買 現売 信買 信売
1,000	1,381	5,030	+3,649,000
9166 ＧＥＮＤＡ			現買 現売 信買 信売
1,000	1,658	2,348	+690,000

株式（信用）

建株数	建単価	現在値	評価損益
5592 くすりの窓口		買建　東/無	信買 信売 返売
3,000	1,740.46	1,805	+187,409
5843 ニッポンインシュア		買建　東/無	信買 信売 返売
[illegible]	[illegible]	775	[illegible]
[illegible]		買建　東/無	信買 信売 返売
40,000	[illegible]	[illegible]	[illegible]
7386 ＪＷＳ		買建　東/無	信買 信売 返売
[illegible]	[illegible]	3,725	[illegible]
9158 シーユーシー		買建　東/無	信買 信売 返売
1,000	2,128.9	2,088	-42,198
9236 ジャパンM&A		買建　東/無	信買 信売 返売
1,000	2,787	2,800	+11,449
9346 ココルポート		買建　東/無	信買 信売 返売
1,000	2,038	2,221	+178,454

んな資力はありません。

まれに当選することもあったのですが、うまい話はないものでそれは不人気銘柄。初めて当選してワクワクしながら上場日を迎えると、初値は公募価格を下回るまさかの「公募割れ」。せっかく当選したのに、上場した瞬間から損失を出す有様でした。

IPOであっても必ず初値で儲かるわけではなく、銘柄の成長性が乏しくて人気がなかったり、大型の上場のために売り出す株式数が多すぎたりする銘柄は良い初値がつかず、公募価格を割ってしまうこともあるのです。

人気銘柄に当たればかなりの確率で儲かるけれど、そもそも抽選に当たりません。IPO投資も結局は、実現可能性に乏しいのだとがっかりしていたころに出会ったのが、「**IPOセカンダリ投資**」でした。IPOセカンダリ投資は、**当選しなくてもIPO銘柄に投資できる手法**です。

今振り返れば、この手法が僕に最もフィットする投資だったのでしょう。この手法に出会って以降、10年以上にわたってパッとしなかった僕の投資パフォーマンスは、突然うなぎのぼりに上昇を始めたのです。

第2章

落選でも余裕で10倍株を狙える IPO投資法

抽選に当たらなくても、ＩＰＯ投資ができる

いくら興味を持っていても、抽選に当たらなければ参加すらできないのがＩＰＯ投資です。せっせと応募し続けても落選ばかり、やっと当たったと思ったら公募割れという結果が続いて意気消沈していたころ、たまたまネットメディアで見かけたのが、個人投資家で人気ブロガーでもある弐億貯男さんのインタビュー記事でした。

弐億さんは会社員として働く兼業投資家です。投資にあまり時間をかけられない彼ですが、そのハンドルネームの通り、2億円の資産を40代で築くことに成功しました。それを実現した手法のひとつが、ＩＰＯセカンダリ投資だったのです。

ＩＰＯセカンダリ投資とは、上場した後のＩＰＯ銘柄を株式市場で買って投資する手法のことです。割安に設定された公開価格でＩＰＯ銘柄を手に入れるのは、前述の通り人気が高すぎて至難の業なのですが、セカンダリ投資なら抽選に当たらなくても、上場してから株式市場で買えばいいだけなのでだれでも手がけられます。

しかも、ＩＰＯでは、たとえ当選しても100株だけということも多いのですが、**セカンダリ投資なら資金額が許せば好きなだけ買うことができます。**手持ちの資金が

少なくても、信用取引を使えば資金の約3倍の取引もできます。その分リスクは高まりますが、それを厭《いと》わなければチャンスは大きく広がるのです。

ＩＰＯセカンダリ投資に強い興味を感じた僕は、試しに3年前から直近までにＩＰＯした銘柄をすべて洗い出し、上場後の値動きを調べてみました。

すると、まだ上場してから2～3年しか経っていないにもかかわらず、すでに株価が5倍ぐらいに成長している銘柄がいくつもあったのです。たとえば２０１６年にＩＰＯした銘柄の場合、アトラエ（６１９４）は2年で3倍以上になっていますし、セグエグループ（３９６８）は半年で2倍、ストライク（６１９６）も2年で３・６倍、フィル・カンパニー（３２６７）は1年で5倍近くまで上昇しています（いずれも分割考慮後）。

日本の株式市場には４０００近い企業が上場しています。そんなにたくさんある銘柄の中から、株価が何倍にも成長する銘柄を探すのは、忙しい自分にはかなり難しいのではないかと感じていました。

しかし、**IPO銘柄であれば、年にせいぜい90～100銘柄程度。季節的な偏りはあるものの、平均すれば毎月8銘柄前後**です。**それぐらいの企業数であれば、仕事と**

子育てに忙しい自分でもその成長性を見極めることができるのではないか。4000銘柄は無理でも、100銘柄の中から1年かけて大化け候補を探し出すのは、それほど難しくないと思ったのです。

何より、兼業投資家である弐億さんがIPOセカンダリ投資について、「**さほど時間をかける必要がなく、通常の個別株投資に比較してローリスクハイリターン**」と紹介しており、実際にこの手法で巨額の富を築いています。これまで多くの失敗を重ねてきた自分にとっても、IPOセカンダリ投資はトライしてみる価値は大きいと確信しました。

老後に2000万円あってもうれしくない

それまでの僕の投資は、100万円が200万円になったことが唯一の大成功例で、多くは数万円の微益に終わっていました。そして、失敗トレードの損失はそれを大きく上回っているので、損切りをさせられた投資を合わせるとトータルではマイナス。このまま同じような投資を続けていれば、資産はどんどん減ってしまうことになると危機感を持っていました。

ちょうどそのころ、巷《ちまた》では「老後２０００万円問題」が大きな話題になっていました。年金で暮らす夫婦世帯の毎月の赤字額は約5万円で、65歳から30年間生きていくには年金とは別に２０００万円の資産の取り崩しが必要だというレポートを、金融庁の金融審議会による市場ワーキング・グループが公表したことが、大きな波紋を呼んでいたのです。

これを受けて、定年が近い世代はもちろん、僕らのような若い世代のあいだでも、自分で２０００万円の老後資金を用意しなければ老後に路頭に迷ってしまうという不安感が蔓延《まんえん》するようになりました。一般的な収入の人が、現役時代に子育てをしたり住宅ローンを返済したりしながら老後資金も貯めるというのは、預貯金だけでは無理があります。そこで、これまで投資にはまったく縁がなかった人でも、投資をしなければならないような風潮になっていました。

実際、このときにはネット証券などに新たに口座を開設する人が急増したそうです。それ以前から、若い世代を中心にインデックス投資や、インデックス投資をする投資信託を毎月買い続ける積み立て投資が流行していましたが、老後２０００万円問題を機にこのブームが加速したように感じます。非課税で有利に老後資金をつくることができるｉＤｅＣｏ（個人型確定拠出年金）や、ＮＩＳＡ（少額投資非課税制度）などのしくみを政府が用意していたことも、そのブームを後押ししたのでしょう。

インデックス投資とは、僕のように株式市場で有望な銘柄を選んで投資するのではなく、**市場全体に投資する手法**です。たとえば、日経平均株価と同じ値動きをする投資信託や米国の株価指数であるＳ＆Ｐ５００、ＮＹダウ、ナスダックに連動する投資信託もありますし、世界中の株式市場にまとめて投資できる商品もあります。こうした商品を毎月一定額買い続ける積み立て投資を10年20年と継続していけば、老後に２０００万円を用意することは決して難しくはないと言われているのです。

これは僕もその通りだと思いますし、**銘柄を選ぶのが面倒だとか、興味がないという人にはぴったりの投資手法**だと思います。暴落したり倒産したりする銘柄を選んでしまうリスクがないので、大きな失敗もしにくいです。投資をまったくやったことないという人でも、簡単に手がけられます。

でも、僕はそれだけでは満足できません。２０００万円用意できない老後より、用意できる老後のほうがいいに決まってはいますが、僕はもっとゆとりがあって、お金の心配などまったくしなくていい老後を送りたいのです。iDeCoやNISAで積み立て投資をすれば、年5％程度の収益は狙えるでしょうし、定年までには2000万円を達成できるでしょうが、それでは満足できないのです。

さらにいえば、老後にその程度のお金を用意するために、今の生活を我慢するのも嫌でした。老後になってやっとお金に困らない生活を送れるというのでは遅いのです。身体が元気で、住宅費や子どもの教育費など出費が多い現役時代に、ある程度お金を自由に使える生活を目指さなければ、投資をする意味がないように感じていました。

特別にぜいたくな暮らしをしたいわけではありませんが、マイホームの立地にはこだわりがあります。職場に近くて、便利な場所にあるという条件は譲れません。当時から賃貸マンションに住んでいましたが、いつか一戸建てのマイホームを持ちたい。子どもたちのために、個室や広い庭も用意してやりたい。こうした夢をかなえる職住近接のマイホームを手に入れるためには、なるべく早く億単位の資産が必要です。

43歳で2億円を達成した弐億さんと同じペースか、それを超える早さで資産をつくらなければ、僕が望む人生は送れないのだと気が付きました。資産を年数％増やしていく堅実な投資ではなく、「テンバガー」を目指して投資しなければ、間に合わないのです。

テンバガー銘柄は意外とたくさん存在している

テンバガーとは、株価が10倍になることです。「バガー」とはもともと野球用語で「塁打」を表す言葉で、二塁打はツーバガー、三塁打ならスリーバガーと言うそうです。実際はホームランであってもベースは4つしか進めませんが、一試合で「十塁打」するようなスター選手をイメージし、株価が10倍に成長する大化け銘柄を意味して米国のウォール街で使われるようになったそうです。

株価が10倍になる銘柄なんて、そうそう出合えないと感じる人は多いかもしれません。なにしろ、日本の株式市場には4000近い数の企業が上場しているのですから、そこからテンバガー銘柄を発見して投資するなんて、ハードルが高いと感じてもおかしくありません。

しかし、実はそんなことはないのです。僕が愛読している日経電子版で、最近とても興味深い記事を見つけました。

２０２２年３月４日に配信された「実は日本株の25％が10倍高　発掘する４つのポイントは」の見出しによる日経マネーの特集記事によると、**リーマンショック時の最安値から2022年1月末までに10倍に株価が上昇した銘柄は946銘柄**あったそうです。これは全上場企業の４分の１に相当する数字です。歴史的な暴落の後とはいえ、４社に１社が、テンバガーを達成しているのです。この記事が出た後の日本株市場はさらに上昇しているので、今ならテンバガーの割合はもっと増えているかもしれません。

この記事によると、**これらの銘柄がテンバガーを達成するまでの期間は平均8・2年で、8割が5年以上かかっている**そうです。４分の１とチャンスは大きいものの、**株価10倍の恩恵を享受するには、ある程度の時間が必要であることがわかります。**

テンバガーの4割は情報通信・サービス業

この記事は、テンバガー銘柄を探すうえで重要なヒントをたくさんもたらしてくれています。まずは、業種別の内訳です。

記事によると、**テンバガー銘柄の約3割を、情報通信とサービス業が占めています。**内訳は情報通信が18・4%、サービスが17・2%です。続いて、電気機器が9・1%、小売が8・2%となりますが、**情報通信とサービスに業種を絞ることでより早くテンバガーにたどり着くことができそうです。**

そしてもうひとつ、興味深いデータがあります。**テンバガーした銘柄の約7割は、最安値時点の時価総額が50億円未満、100億円未満を含めると全体の8割を占めています。**もともと図体の大きい企業よりも小さい企業のほうが劇的な成長を遂げやすいというのは感覚的に理解できますが、このデータを見ると改めて、**時価総額の小さい企業にお宝が眠っている**ことがわかります。

さらに、テンバガーを達成した銘柄が、上場してから何年経っているかを調べたデータでは、**上場してから20年未満の若い銘柄がテンバガーの半数を占めている**こともわかりました。

テンバガー狙いはIPO銘柄に的を絞る

そして**最も注目すべきは、各年のIPO（新規株式公開）銘柄に占めるテンバガーの割合**です。**半数以上の年で3割を超えているうえ、2007年、08年、10年の3年ではIPOした銘柄の半数がテンバガー銘柄だった**のです。

要するに、全体では4社に1社がテンバガーしているわけですが、IPO銘柄に限れば3社に1社で、年によってはIPO銘柄の半分がテンバガーしていることです。

やはり**10倍株を探すなら、IPO銘柄の中から探すのが圧倒的に効率的**であることが裏付けられたと思えました。

僕は2019年にIPOセカンダリ投資の可能性を認識してチャレンジをスタートし、2020年のコロナショックで投資の資金を大きく減らしてからは、本格的にIPOセカンダリ投資にターゲットを絞りました。弐億さんや他の投資家さんのSNSなども参考にしながら、独自の銘柄選定条件をつくって、投資を続けてきました。

それからは、それまでの損失続きだった過去の投資が嘘のように、含み益がみるみる増えていきました。そして、同じ銘柄で始めた短期売買の確定利益も積み上がっていき、投資パフォーマンスが劇的に向上したのです。

ようやく勝てる投資法に出合ったのだと興奮する一方で、もしかしたらたまたま相場の追い風を受けているだけで、この投資法が良いというわけではないかもしれない、という不安も抱いていました。

しかし、実際に過去にテンバガーを果たした銘柄を分析した記事を見て、自分の投資は間違っていないと確信することができました。**4000近い個別銘柄からなるべく手間をかけずにテンバガーを探し出すには、IPO銘柄に狙いを絞っていい**のだと確認できたのです。

IPOセカンダリ投資がテンバガーに近い理由

では、そもそもなぜ、IPO銘柄に投資することが、テンバガーへの近道なのでしょうか。

企業が生まれてから、上場するまでにかかる時間はまちまちであり、設立からわずか数年でIPOしてくる企業もあれば、何十年も非上場で営業してきた企業がIPO

してくる例もあります。いずれのケースでも共通しているのは、**上場を契機にさらなる飛躍が期待できる**点です。

企業にとって上場は決して簡単なことではなく、東京証券取引所が定める厳しい基準をクリアする必要があります。健全かつ安定的な事業を営んでいることは当然にしても、上場企業にふさわしいガバナンス体制が整備され、機能していることが求められます。

上場の準備には多額の費用と短くても3年程度の期間が必要です。上場してくる企業は相応の時間と費用をかけて、投資家に評価されるようなビジネスモデルと成長ストーリーを描き、企業成長の基盤となる経営とガバナンス体制を整えてくるというわけです。

そこまでするのは、上場には大きなメリットがあるからです。第一に、上場することで返還する必要のない多額の資金を調達することができます。それまでは資金不足で踏み切れなかった投資に打って出たり、人材を採用したりできるので、それを強力な業績成長のドライバーにできる可能性が高いのです。金融機関の評価や信用度もアップするので、融資を受ける時のハードルも下がり、上場後も資金調達がしやすくなります。

さらに、上場することでその企業の社会的評価が飛躍的に高まります。ただのベンチャー企業から上場企業になるわけですから、営業や顧客開拓の面でも格段に有利になります。また、上場企業になれば採用の面でも有利になり優秀な人材を集めやすくなるので、こちらもまた成長をけん引することが期待できます。

要するに、**企業は上場することでさまざまなメリットを享受し、それを機に業績が飛躍的に向上することが多い**のです。業績が伸びれば、**当然株価の上昇も期待**できます。

また、**IPO銘柄は、過去の業績データも十分ではないし、投資家に対する情報提供も始めたばかりのため、投資家にとって適切な評価が難しい存在**です。このため、過剰評価されたり過小評価されたりすることがしばしばあり、**過小評価されているタイミングは絶好の投資チャンス**になります。

加えて、**上場直後は時価総額が小さい企業が多いので、投資をするのは個人投資家が中心**です。**多額の資金を動かす機関投資家は、時価総額が一定以上でないと投資できない**決まりがあるので、上場したばかりの企業には彼らの投資対象にならない企業が多くあります。

しかし、**上場という追い風を受けて業績がグングン成長して株価や時価総額が大きくなれば、機関投資家の投資対象に届くようになります。そうなると、突然まとまった規模の買いが入るということが起こり、株価の上昇にさらなるエンジンがかかります。**こうしたことから、**株価がすでに2倍3倍に成長した銘柄が、さらに2倍3倍へと膨らんでいく倍々ゲームが起こりやすくなる**わけです。

IPOセカンダリ投資3年目でテンバガーを達成

実際、僕は２０１９年に**IPOセカンダリ投資という手法に出合って銘柄の選び方や投資タイミングの見極め方の研究を重ね、今の手法にたどり着いてからは、年間のパフォーマンスが負けなしになりました。**アズーム（３４９６）という銘柄では、念願のテンバガーも達成しました。

アズームは駐車場のサブリースを手がける企業で、２０１８年9月にＩＰＯした銘柄です。２０１９年に弐億さんの手法に影響されてＩＰＯセカンダリ投資にトライしてみようと決めたとき、前年である18年にＩＰＯした銘柄を全部調べて、その中で一番いいなと思った銘柄がこのアズームでした。

同社の柱となる事業は、駐車場の空き区画や遊休地をオーナーから一括して借り上げて、「カーパーキング」という自社運営の月極駐車場検索ポータルサイトを通じてサブリースするというビジネスです。月極なので、サブリースする駐車場の賃料収入が毎月売上として継続して入ってきます。土地や駐車場のサブリースは契約の手続きも面倒ですし、1度同社にサブリースを依頼したら、よほど不満がない限り簡単に他社に乗り換えるものではないでしょう。そのため、過去に契約した駐車場の上に、新規に受託する駐車場が年々積み上がっていき、賃料収入はどんどん積み上がっていきます。

しかも同社が運営するサイトは日本最大級のデータベースを持つサイトに成長しており、ネット検索すれば必ず最初のページに出てきます。ここまでの地位を確立していれば、後から参入してくる競合企業がいてもその牙城を崩すのは簡単ではありませんし、住宅やオフィスに比べれば利幅が薄いので、大手が積極的に参入してくるほどの魅力的な市場でもありません。要は、ニッチな市場で優位な位置につけており、ス

●株価17倍を達成したアズームの株価チャート

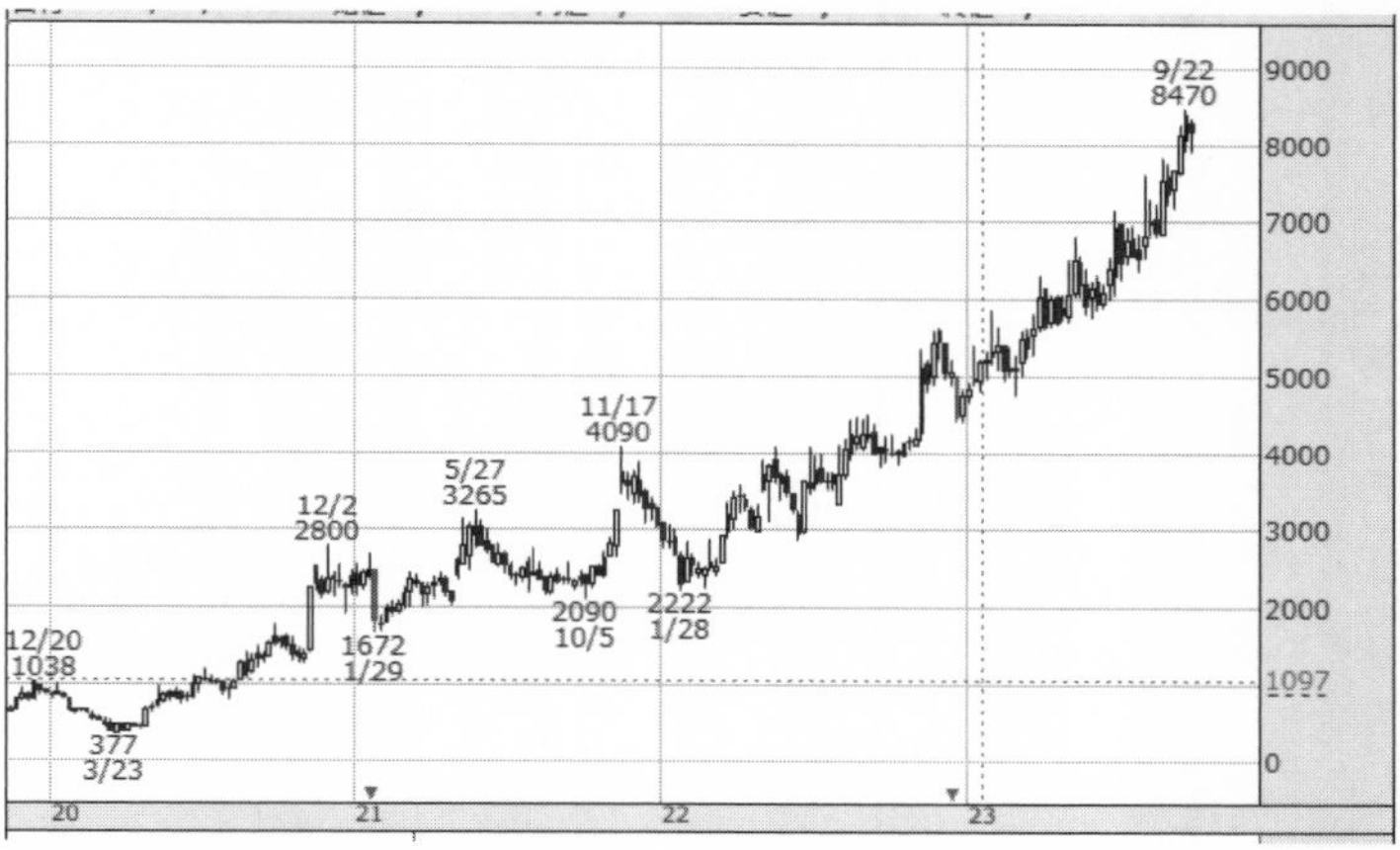

チャート出所：「株探」https://kabutan.jp/

トック型のビジネスを積み上げている。このビジネスモデルが何より魅力的だと感じたのです。

アズームは僕がテンバガーを達成してからも変わらず株価を伸ばしており、本書執筆時点（2023年9月）には買値から17倍になりました。もちろん、まだ利益確定はせず、さらなる成長を目指して保有中です。

IPOセカンダリ投資に絞って〝無限〟利益に

テンバガーを達成する銘柄を選び出すには、必ずしも10倍にこだわる必要はありません。テンバガー銘柄に1社投資しても、2倍になる銘柄に5社投資しても、3倍になる銘柄に3社投資しても、結果としては大きく変わりません。株価が2～3倍になるには10倍ほどには時間がかからないので、むしろスピーディーに目標を達成できます。**テンバガーを探す過程では2倍株や3倍株にもたくさん出会えるので、こうした銘柄にもしっかり投資しておくことで投資効率はさらにアップします。**

ただ、**株価の2倍3倍成長、あるいはテンバガーを狙うには、早くても1～2年、通常は3～5年の期間が必要**です。このため、基本的には投資した後はその銘柄の成長性に変化が生じていないかを確認するだけで、成長性がある限りは持ち続けることになります。

株価が上がっていく過程を見守る楽しさはあるものの、基本的には待っているだけ。ぜいたくな悩みかもしれませんが、僕のような株が半分趣味になっている人間にとっては、退屈に感じてしまいます。

そこで、せっかく良い銘柄を探し出せたのなら、これで何かできないかと考えました。ＩＰＯ銘柄はよくも悪くも値動きが激しく、どんなに良い銘柄であっても急落したり、良い決算を出しているのに大きく下げたりすることもよくあります。

日常的にこれだけの値幅があれば、これを利益につなげられるのではないか、そう考えた僕は**長期で保有している銘柄で短期売買を並行させる方法**を思いつきました。この手法であれば、株価が10倍になるのを待っている間に、細かい利益を確定させ、それを積み上げていくことができます。

実際、すでにテンバガーを達成しているアズームも、短期売買に非常に適した値動きを繰り返していた時期がありました。そこで、テンバガーを目指して保有している分とは別に、この銘柄を何度となく回転売買し、買っては数日で売ることを繰り返しているうちに３５００万円近い確定利益を上げることができています。**テンバガーを目指せるような銘柄は、短期売買でも勝ちやすい**のです。

要するに、**厳選したテンバガー候補銘柄であれば、長期投資と短期の回転売買を並行させることで、テンバガーにとどまらない無限の利益を狙える**ことになります。

テンバガーを狙う長期投資だけでももちろんＯＫですが、小さな利益を積み上げる短期投資を並行させれば、無限10倍株のループが完成します。その具体的な手法については、この後の章で解説していきます。

第3章

「無限10倍株」の
スクリーニング11カ条

テンバガーでも途中で暴落しては持ち続けられない

テンバガーや2倍3倍を狙える銘柄に出会える確率の高いのがＩＰＯ銘柄であることは、すでに前の章で説明しました。そうはいっても、新規上場する銘柄は毎年90社程度あるので、全部に投資するわけにはいきません。そもそも、**ＩＰＯ銘柄は株価の変動幅が非常に大きく、10倍も期待できる反面10分の1になる銘柄があってもおかしくないので、手あたり次第買っていくような投資をすれば致命的な損失を被るリスクも高まります。**

たとえば、２０１９年12月に上場したＪＴＯＷＥＲ（４４８５）は、２６２０円の初値をつけて約1年で株価は5倍に上昇しましたが、その半年後には半値以下に急落しています。その後、５か月足らずでまた倍以上に上昇し、その4か月後には3分の1まで暴落しました。上場後2年半ほど経過するとようやく株価は落ち着いてきましたようにも見えますが、それでも2～3か月で倍近くになったり、半分近く値下がりしたりと、荒っぽい値動きが続いています。

こうした銘柄は良いタイミングで投資できれば短期間で大きな利益を上げられます

●JTOWER（4485）の上場来チャート

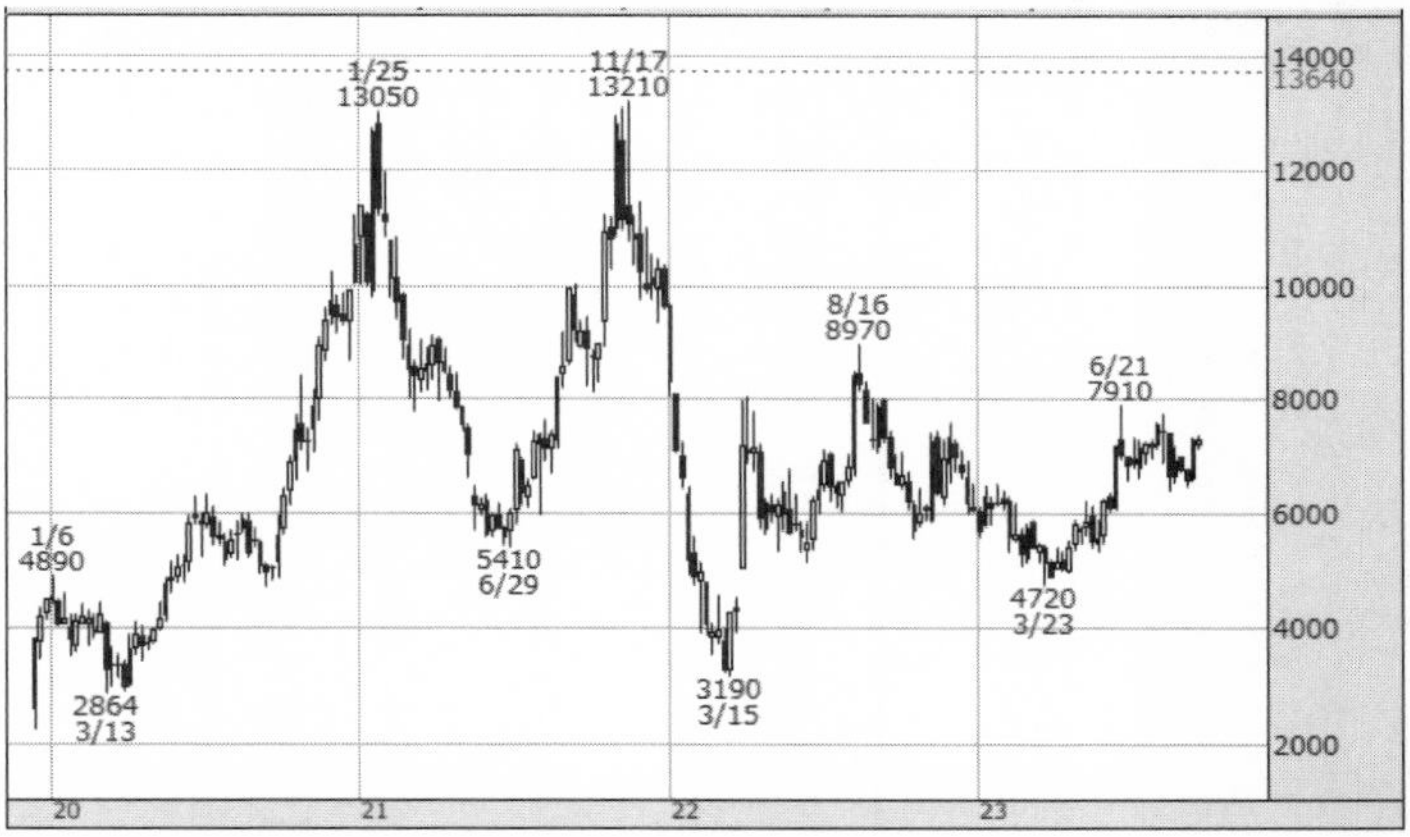

IPO銘柄は値動きが激しく、投資タイミングを間違えると大損も。
チャート出所：「株探」https://kabutan.jp/

が、少し間違えば大きな損失を抱えることになってしまいます。

テンバガー候補をＩＰＯ銘柄の中から探すというのは確かに効率がいいのですが、こうした大損しやすい株に出会ってしまう可能性も高くなる点には注意する必要があります。うまくいけば10倍、失敗すれば10分の1ということもあり得る世界なのです。

テンバガーを達成する銘柄の中には、多少の上下はあっても順調に右肩上がりを続ける銘柄もあれば、途中で大暴落するなど激しい変動を経てテンバガーにたどり着く銘柄もあります。最終的な結果は同じでも、やはり後者のような銘柄を10倍になるまで保有し続けるのはとても難しいので、基本的には右肩上がりを続けられる銘柄か、十分に割安なタイミングを待って投資する必要があります。

また、僕の投資は基本的にはランチタイムやトイレ休憩中に注文するスタイルで、ずっとチャートを見ていることもできないので、そもそも下落リスクの大きい銘柄には手を出せません。トイレトレードでも大きな心配なく取引できるぐらい、質の高い優良銘柄を絞り込む必要があります。

要するに、**IPOセカンダリ投資で銘柄を選ぶ際は、テンバガーになり得る成長性の高い銘柄に注目することも重要ですが、それ以上に株価が10分の1になるようなリスクの高い銘柄やタイミングを避けるという姿勢のほうがはるかに重要**なのです。

実際、僕が投資するIPO銘柄の数は年に3銘柄ぐらい、多くて5銘柄程度です。中にはテンバガーする可能性が高いと思っても、手を出さない銘柄や様子見を続ける銘柄も少なくありません。こうした銘柄の中には、そのままグングン上昇し、「投資しておけばよかった」という結果になることもあります。それでも、リスクとリターンは背中合わせなので、下落リスクの高い銘柄を回避するにはJTOWERのようなチャンスの大きい銘柄のとりこぼしを許容することも求められます。

ここでは、IPO銘柄の中から、値下がりリスクが低いテンバガー候補を抽出するための条件を紹介していきます。

テンバガーの条件①
上場1年以内の銘柄に絞り込む

僕がIPOセカンダリ投資を始めた当時は、前年にIPOした銘柄からさかのぼってチェックして、投資候補を絞り込んでいました。今は過去5年のIPO銘柄はすべてチェック済みなので、東証から上場承認がおりた時点で（IPOが決まった時点で）、銘柄をチェックして投資するかどうかを判断しています。**これからセカンダリ投資を始める人も、上場後1年以内の銘柄から選ぶと最も効率が良い**と思います。

よく経済紙やマネー誌などでは、テンバガー候補は上場後5年以内とされることが多いようです。僕自身も、投資してから5年ぐらいは株価成長が続くことを想定しているので、銘柄選びの作業が多少重くなってもいいのであれば、5年以内で探してもいいと思っています。

効率を重視するなら1年以内、なるべく多くの銘柄の中から判断したい場合は上場後5年以内と覚えておくといいでしょう。

テンバガーの条件②
成長可能性の高いビジネスモデルである

全部で11あるテンバガーの条件の中で、僕が最も重要だと考えているのがビジネスモデルです。

株価は短期的にはさまざまな要因で変動します。良い決算が出ているのに株価が下がることは日常的にありますし、逆に悪い決算で上がることもあります。その企業にまったく関係のない外的な要因やマーケットの雰囲気にも、強く影響されます。つまり、短期的な株価はその企業の価値とは無関係に動くことが多いのです。

しかし、中長期的な株価は、必ず業績を反映します。業績が伸び続けていれば、短期的にはギザギザしたチャートを描いていても、その方向は右肩上がりです。逆に業績が下がり続けていれば、一時的に上がることはあっても長期のチャートは右肩下がりになります。業績が下がっているのに株価は長期的に右肩上がりということはあり得ません。

ですから、数倍株、あるいはテンバガーを狙うなら、業績が伸びていることは絶対条件で、なおかつ将来も伸び続ける可能性が高いものである必要があります。その強力な根拠となるのが、ビジネスモデルです。僕は特に、以下の3つのビジネスモデルの企業を中心に投資しています。

テンバガーに近いビジネスモデル①
ストックビジネス型

将来も右肩上がりの成長が続くことが期待できるビジネスモデルの典型パターンのひとつが、ストック型のビジネスモデルです。**ストック型とは、商品やサービスを売って終わりではなく、毎月あるいは毎年料金を払い続けてもらうことで、定期的かつ継続的に収益を得られるモデル**をいいます。定額を払い続けることもあれば、従量制で使った分だけということもありますが、とにかく継続して課金していくことがポイントです。

最もわかりやすいのは、不動産賃貸かもしれません。毎月家賃収入が得られる大家さんは、保有している物件が増えるほどその収入は積み上がっていきます。身近なところで言えば、ネットフリックスなどの動画配信サービスやスポティファイなどの音楽配信サービスなども典型的なストックビジネスといえるでしょう。

ストック型のビジネスモデルであれば、既存の顧客の売上のうえに新規の顧客の売上がどんどん積み上がっていきます。解約が多いビジネスの場合はうまくいかないこともありますが、**業者を乗り換えるハードルが高いビジネスや解約率が低いビジネスであるほど、売上と利益が右肩上がりに伸びていくことが期待でき、将来の業績も予想しやすくなります。**

僕がテンバガーを達成したアズーム（3496）も、典型的なストック型ビジネスモデルだったことが、投資を決断した決め手になりました。

テンバガーに近いビジネスモデル②
多店舗展開型

成長力が高いと考える2つ目のビジネスモデルが、多店舗展開型ビジネスです。これは**店舗や支店などの営業拠点がどんどん増えていくことで、売上や利益が伸びていくタイプ**になります。人気の商品やサービスを提供する店を作り上げて、それをどんどん増やしていけばその店舗数に比例して売上や利益が伸びていくのはイメージしやすいモデルだと思います。**必ずしも物理的な店舗を伴わないビジネスでも、営業エリアを拡大していればかまいません。**

ただし、多店舗といってもいずれは限界がくるので、**コンビニエンスストアチェーンのように多店舗展開をすでに実現してしまっているフェーズでは、株価数倍は難しくなります。**

たとえば、アズーム（3496）の場合、僕が投資をした時点では大都市圏を中心に拡大している状況で、将来的には地方の中核都市にも展開していく余地があるという点で、伸びしろを感じました。多くのファンを持ちながら店舗を増やし、まさに多店舗展開を始めたばかりというフェーズが、最も売上や株価が成長する伸びしろが高くなります。

意外なところでは、老健施設や介護施設、保険の販売などでもこうした店舗を増やしている企業もあります。たとえば、首都圏と近畿圏で介護付き有料老人ホームを展開するチャーム・ケア・コーポレーション（6062）も、テンバガー銘柄として知られています。

店舗というと、飲食業をイメージする人も多いでしょう。たとえば、「いきなり！ステーキ」が人気を呼んだペッパーフードサービス（3053）は、ブームに乗ってわずか1年で株価が10倍になる急成長を遂げました。ただし、同社は強気すぎた出店戦略が裏目に出たうえ、同業他社に追随されて似たような店が増えたことで業績も株価も急失速しました。

飲食は参入ハードルが低いためヒットすればすぐに模倣されてしまいますし、消費者に飽きられるのも早く、景気の影響も受けやすい業種です。そのため、僕は**リスクが高いと判断して飲食業は投資対象からは外しています。**同様に、**アパレルや小売も競争が激しいレッドオーシャンな業種なので、投資対象にはしていません。**

ただ、飲食はペッパーフードのように短期間で株価が急伸するケースがたびたび見られるうえ、食品系の小売であれば景気に左右されにくいというメリットもあります。今後、これらの業種であってもデメリットをしのぐ魅力を持つ銘柄が登場してくれば、検討の余地はあると思っています。

テンバガーに近いビジネスモデル③

営業人員依存型

最後の営業人員依存型は、**人材を増やしていくことで収益を増やせるビジネスモデル**です。多店舗展開型と同様に、売上の源泉である人員を拡大していくことで着実に業績を伸ばしていくことができます。

ここでいう人員は、飲食店などのようにアルバイトでまかなうのではなく、安定的に働き続けてくれる正社員でなければなりません。ただし、スキルや経験が豊富な人材を大量に採用するのは難しく、人件費も高騰するので、新卒や未経験の人材を着実に戦力にしていく力が重要だと考えています。

●FPパートナーの業績推移

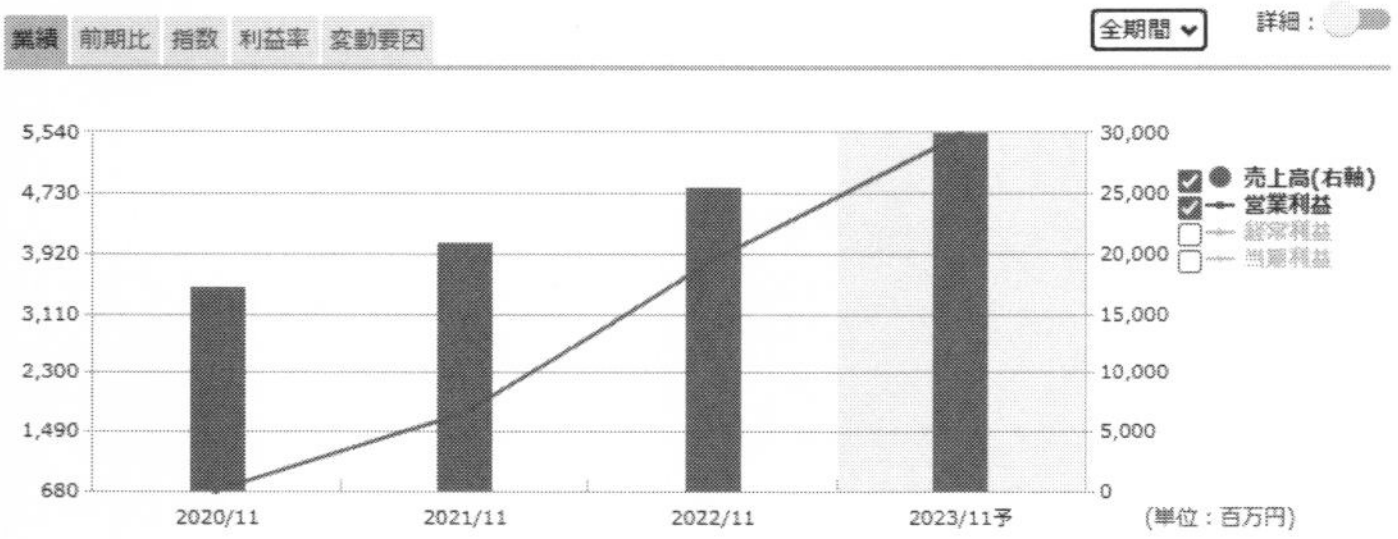

画像はマネックス証券「銘柄スカウター」より引用

なにしろ、人件費は企業が負担する費用の中で最も高コストな支出のひとつです。人手不足の昨今では、人材採用に成長を依存するモデルはリスクが高いのでは、という意見もあるでしょう。確かに、人件費ばかりが先行して売上や利益が付いてこない場合は問題ですが、**採用数と連動して業績をしっかり伸ばしていける企業は、むしろ非常に有望**だと考えます。

僕の持ち株の中では、保険や家計の相談に対応する「マネードクター」を運営するFPパートナー（7388）が、人材採用をしっかり業績につなげられる企業だと評価しています。同社の売上を支えているのはファイナンシャルプランナーですが、同社は有資格者や経験者だけでなく、未経験者を多く採用して戦力化する人材教育力にすぐれており、短期間で、現場で活躍できる人材に仕上げてくることが強力な成長エンジンになっています。

経験や実績よりもポテンシャルを見極めて採用する力と、実際に短期間で戦力化できる教育力がある企業であれば、営業人員依存型のストックビジネスは大きな業績成長が見込めるのです。

テンバガーの条件③
売上が過去数年間にわたり右肩上がり

どんなに素晴らしいビジネスモデルを有していても、実際にそれが売上に反映されていなければ意味がありません。売上は企業が商品やサービスを売って得た金額で、企業成長の基盤であり、源泉です。

テンバガーを狙えるような銘柄は、この売上が右肩上がりに成長していることが必須条件です。また、**たまたま特需があって足元の売上が上がっているだけではダメで、継続的に売上を伸ばし続けている必要があります。**

テンバガーの条件④
営業利益と最終利益が伸び続けている

売上は右肩上がりに伸びているのに、手元に残る利益は一向に伸びないという企業が見られます。いくら売上を伸ばしていても、利益が低迷していてはお金が残らず将来のための投資もできませんし、株主に分配することもできません。

売上からコストを差し引いた利益にはいくつか種類がありますが、僕が**最も重視しているのは「営業利益」**です。ここで少し、企業が利益を上げるまでのしくみを解説します。

企業が売上を上げるためには、商品を仕入れたり人を雇ったりオフィスの家賃を払ったりと、さまざまな費用がかかっています。材料の仕入れなどにかかる費用が「売上原価」で、「売上高」からそれを差し引いたのが「売上総利益」です。

そこから、従業員の給料やオフィスの家賃などの経費である「販売管理費（販管費）」を差し引いたのが「営業利益」です。**売上から原価と経費を差し引いた儲けで**

ある営業利益は、本業での活動で得られた利益なので、投資家はこの数字に注目します。

この営業利益から、為替損益や利子など本業とは直接関係しない費用を差し引いたり、利益をプラスしたりしたのが「経常利益」です。

さらに、子会社や不動産を売却した際の臨時の利益や損失など「特別損益」を差し引き、税金を払って最後に会社に残ったお金が「当期純利益」になります。株主への配当はこの当期純利益から支払われます。

アズームの例でいえば、管理している駐車場の借主から支払われる賃料が売上になり、駐車場オーナーから借り上げる駐車場の賃料が仕入れ原価になります。売上から仕入れ原価と従業員の給料やオフィス家賃、光熱費、サイトの運営費や広告宣伝費などかかる費用を差し引いた利益が、営業利益となります。この営業利益が売上とともにしっかり伸びていることが重要です。

というのも、**IPOしてまもない企業には、売上は伸びていても利益がほとんど伸びていない企業がよく見られる**のです。多くの場合、市場シェアを取りにいくために人をたくさん採用したり、積極的に広告を打ったりするなどして費用をかけた結果、売上が伸びているのに営業利益が伸び悩むというのが典型的なパターンです。

業種やビジネスモデルによっては、事業を軌道に乗せるためにこうした投資が必要なことは多いので、それ自体が悪いわけではありません。実際、利益が伸び悩んでいても期待が先行して株価がグングン上昇していく企業もあります。

しかし、**株価が2倍3倍、そして10倍へと長期的に伸び続けていくためには期待だけでは足りず、結果を出し続けることが必要**です。このため僕は**売上だけでなく、営業利益が一緒に伸びている企業に絞って投資する**ことにしています。安定的な営業利益を得られるフェーズに至っていない企業は宝くじ的な感覚で少しだけ買うことはあっても、主力銘柄には決してしません。

逆に、**売上が伸びていないのに、営業利益が伸びているケースもあるので要注意**です。この場合は、リストラや経費削減で営業利益を増やしているケースがほとんどです。コスト削減が悪いわけではないのですが、株価が数倍になる企業は成長の源泉である売上がしっかり伸びている必要があります。あくまで売上増と営業利益増が両立している企業を探すようにしてください。

ちなみに、大化け期待株の条件として、毎年の売上の伸び率が20%以上であると

●営業利益と最終利益とは

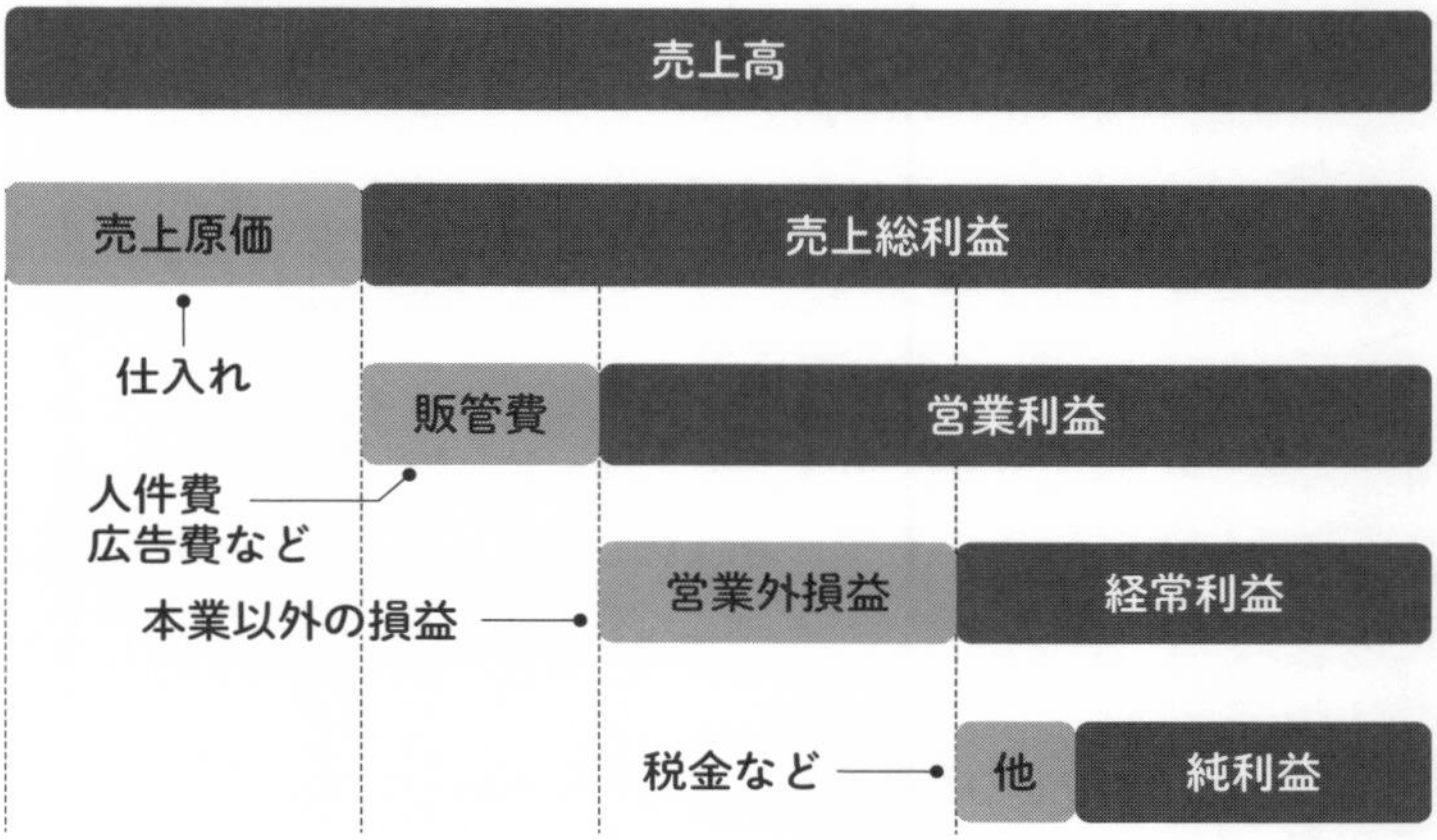

か、「営業利益率」が高いことを重視する投資家も多くいます。営業利益率とは、売上高のうち営業利益が占める割合をいいます。

売上の伸び率は高いほど成長していることになりますし、営業利益率も高いほど稼ぐ力が大きいので、投資対象としては確かに魅力的ではあります。ただ、こうした基準をクリアしている銘柄はすでに割高な水準まで上がっていることが多いので、僕はあまり気にしていません。特に営業利益率は、将来的に売上が伸びて規模が大きくなればそれに伴って上がっていくものだと思っています。

テンバガーの条件⑤
黒字企業であること

上場まもない成長途上の企業の場合、売上が伸びても利益が伸び悩むどころか、コストのほうが上回って赤字を出している企業も少なくありません。中には、赤字状態のままで上場してくる企業も近年増えている印象です。

たとえば、2017年に上場したマネーフォワード（3994）は、継続課金モデルでストック型ビジネスのど真ん中企業ではありますが、上場以来1度も黒字化していません。将来の業績成長への期待で株価が大きく上昇した時期もありますが、2021年からは下落基調です。

広告を積極投入したり人材を採用したりすることでまずはシェアを獲得し、競合企業を突き放してから将来の売上でコストを回収しようとする戦略は、成長企業にはよく見られます。あのアマゾンやセールスフォース・ドットコムなどもかつては長期間、先行投資による赤字を出し続けていました。

この戦略自体が悪いわけではありませんが、限られた資金で5年以内に株価数倍を目指したい個人投資家にとっては、リスクが高いと言わざるを得ません。たとえ**取れる値幅は小さくなっても、黒字化が見えてきてから投資するほうがはるかに安全なので、僕はリスク軽減のために赤字企業は主力銘柄としては投資しない**ようにしています。

前述した通り、僕は**ストックビジネスか多店舗展開型のビジネスモデルの企業に投資することが多いので、赤字企業とは特に相性が悪い**というのも理由のひとつです。多店舗展開型に投資する魅力は、成功している店舗があって、それをコピーしていくことで収益力が上がっていくことなのに、コピー元が赤字であればそれを増やすことで赤字が拡大していく可能性があるからです。

そして何より、「上場ゴール」銘柄を避けたいという意図もあります。会社の株式の多くを保有している創業者や過去に出資してきたベンチャーキャピタルは、その会社を上場させることで多額の利益を得ることができます。上場後に会社を成長させることよりも、上場そのものが目的になっているケースも中にはあるのです。

こうした企業は黒字化しようという意欲にも乏しいですし、事前に公表していた会社の業績計画を下方修正することもあり、そうなれば株価は大きく下落します。こうした銘柄に投資してしまった投資家は悲惨というよりほかありません。

赤字企業であっても期待で株価が上昇することはありますが、業績という裏付けのある銘柄の上昇と比べたらそのパワーは脆弱《ぜいじゃく》で、いつ下落に転じてもおかしくありません。やはり高い確率で利益を狙うのであれば、しっかりと黒字を出しているか、最低でも会社側が公表する業績予想が黒字に転換しているかという点にはこだわるべきだと思っています。

テンバガーの条件⑥ 業界トップシェアかオンリーワン企業

業界トップシェアといっても、自動車の販売台数世界一を誇るトヨタ自動車のような企業に投資したいわけではありません。このような大きな市場で戦っている企業ではなく、ニッチな市場でビジネスを展開し、覇権を握っている企業が理想です。実際、IPOする企業には、大手が狙わないような小さな市場で優位なポジションを持つ企業や、同業他社がほぼいないような企業が多くあります。

●サンウェルズの業績推移

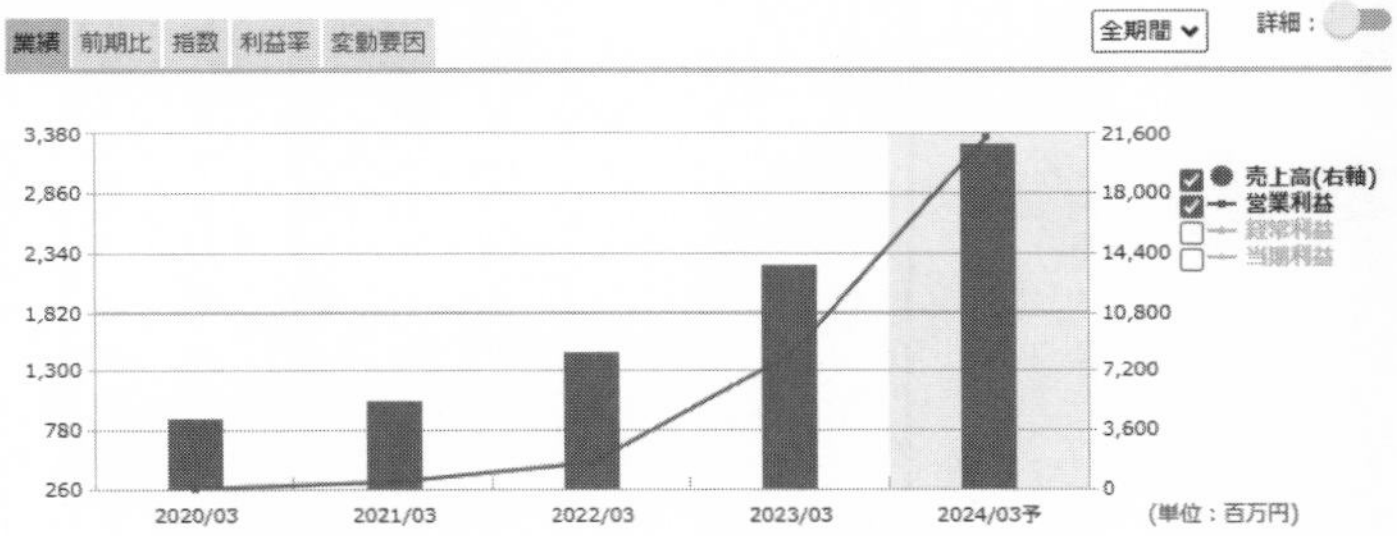

チャート出所：「株探」https://kabutan.jp/

最近のＩＰＯ銘柄でいえば、パーキンソン病患者専門の老人ホームを主力に介護事業を展開するサンウェルズ（９２２９）がそうです。パーキンソン病患者という市場自体は大きくないので大手はわざわざ参入してきませんが、患者やその家族の根強いニーズがあり、独占や寡占に近いビジネスを展開できています。

２０１９年に上場したアンビスホールディングス（７０７１）も、ニッチな市場で強みを持つ企業です。末期がん患者など終末期や医療ケア度が高い高齢者など、既存の施設では受け入れが困難な人を受け入れる医療施設型ホスピスを展開しています。

いずれも市場は大きくなくても根強いニーズがあり、簡単には新規参入できないビジネスで成長している企業です。どんなにニッチな市場であっても、

強力な同業他社がなければ価格決定力を持つことになるので、稼ぐ力も非常に強くなります。さらにいえば、多店舗展開も可能です。

2社ともまだテンバガーには達していませんが業績も株価も右肩上がりで、初値からサンウェルズは5倍、アンビスは7倍を達成しており、まだ伸びしろはありそうな銘柄です。

テンバガーの条件⑦ 保証ビジネスを展開している

保証ビジネスは条件②で紹介した**ストック型ビジネスの一形態で、特に安定した成長が見込める**ことから僕が好んで投資している業態です。

その典型的なパターンが、賃貸不動産の家賃保証ビジネスです。賃貸物件に入居する際は連帯保証人を立てるか、保証会社の家賃保証を受けるのが一般的で、中には両方を求められる場合もあるようです。

保証会社は入居者から保証料を受け取って、万一滞納が発生した場合はオーナーに立て替え払いをし、入居者にその支払いを求めることになります。回収できないリスクは一定程度ありますが当然ながらそれを織り込んだ保証料を設定していますし、何もなければ丸儲けです。保証する物件が増えるほど保証料が積み上がるうえ、賃貸契約の更新や新しい入居者に入れ替わるたびに保証料収入が入り、売上と利益が伸びていくことになります。しかも、保証ビジネスは家賃だけでなく、医療や住宅設備の保守運用などさまざまな分野に拡大しています。

住宅・事業用家賃保証を主なビジネスとするジェイリース（７１８７、２０１６年に上場）や住宅ローンの保証を行う全国保証（７１６４、２０１２年に上場）は、すでに安値からのテンバガーを達成している点も頼もしい材料です。

また、最近のＩＰＯ銘柄であるジャパンワランティサポート（７３８６、２０２２年上場）や日本リビング保証（７３２０、２０１８年上場）も保証ビジネスを展開する企業で、株価数倍を達成しています。

テンバガーの条件⑧
本業がサービス業と情報通信業である

以前からこのサービス業と情報通信業の2業種には魅力を感じて投資することが多かったのですが、テンバガーを達成した銘柄の4割近くがこの2業種であるという日経電子版の記事を見て、確信を深めることになりました。なぜこの2業種がテンバガーしやすいかというと、おそらく**景気の動向や国際情勢に左右されにくいビジネス**だからだと考えています。

一般的に、鉄鋼、化学、紙パルプ、繊維、非鉄金属、石油石炭などの素材産業や工作機械などの設備投資関連、海運や卸売などの業種は「景気敏感株」といわれます。中でも半導体関連は、景気に業績が大きく左右されやすい業種の筆頭格となっています。

景気が良くなればモノが売れ、流れも活発になるため、こうした銘柄の業績が上がります。逆に景気が悪化すると反対の現象が起こるため、需要が低迷し生産が落ち込んで業績が下がりやすくなります。当然、業績が悪ければ株価は上がらず、下落もします。これらの業種はグローバルに事業を展開する企業が多いので、為替相場の状況にも業績が大きく左右されます。

ただ、少子高齢化と人口減少が進行する国内だけで営業している企業より、グローバルで事業を展開する企業のほうが成長市場でビジネスができるので有利ではないかと考える人もいるでしょう。それはその通りなのですが、その分国際情勢の影響も受けやすくなるというデメリットもあります。たとえば、ロシアによるウクライナ侵攻でも、業績に悪影響を受けたり、株価下落に見舞われたりした企業は多くありましたし、近年の円安で業績が極端に改善した企業、悪化した企業もあります。

これに対し、**国内中心に展開するサービス業や情報通信業で、なおかつストック型や多店舗展開型のビジネスを展開している企業であれば、景気や為替、国際情勢などには左右されにくくなります。**前述した駐車場のサブリースビジネスを展開するアズームや、住宅設備などの保証ビジネスを行うジャパンワランティサポートなどは、間接的な影響がないとは言いませんが、ダイレクトに悪影響を受けることはあまりありません。景気が多少悪くなっても駐車場のニーズが突然何割も減ることはありませんし、家賃保証のニーズはむしろ上がるかもしれません。為替相場が急激な円安や円高に動いたとしても直接の影響はありませんし、世界のどこかで紛争が起こっても同社のビジネスにはあまり関係しないのです。特にアズームはインターネットを利用した駐車場のサブリース事業を柱にしているので、サービス業でもあり情報通信業の側面があると考えています。

テンバガーの条件⑨
時価総額が200億円以下

時価総額が30兆円を超えるトヨタ自動車の株価や事業規模が、今の10倍となる300兆円に成長することは相当難しいと考えられますが、時価総額が50億円の小さな企業が10倍の500億円に成長することはザラにあります。どんな大きな企業でも、過去をさかのぼればたった一人で創業したという時期や零細・中小規模の企業だった時代はあるわけで、そういう時期に投資ができた人はそれこそ億万長者になれているわけです。

企業規模が小さいときに投資するほど伸びしろは大きいので、なるべく時価総額の

小さい企業を狙うのがテンバガーの近道です。

前述した日経電子版の記事では、テンバガー銘柄の約7割が最安値時点の時価総額が50億円未満、100億円未満も合わせれば全体の8割以上を占めていました。もちろん、これにしたがって50億円未満の企業に照準を合わせてもいいのですが、僕はテンバガーまではいかなくても2倍や3倍になる銘柄にも積極的に投資していきたいと考えているので、投資する時点で時価総額が200億円未満を基準に、銘柄を選んでいます。

テンバガーの条件⑩
創業社長が大株主である

イノベーションを起こす企業が日本でなかなか生まれにくい背景のひとつとして、日本企業にはたたき上げのサラリーマン社長が多いことが挙げられます。同じ会社で長く働き続けた従業員のゴールが社長のポストだとしたら、その社長は大きなリスクを取って大胆なチャレンジをするでしょうか。

答えはノーで、むしろ自分が社長をしている間は危ない橋を渡るようなことは避け、安定した業績を残して後進にそのポストを譲り、老後は顧問や相談役に収まりたいという思いが働くはずです。企業トップが延々とこんな調子で経営を続けていれば、イノベーションどころか新規事業も生まれにくいでしょう。

しかし、会社を生み出した創業者が率いる企業であれば、話はまったく違ってきます。ゼロから事業を始めた創業者にとって、社長のポストはゴールではなくスタートです。しかも、**株式の多くを保有していれば、事業を成功させて企業価値を上げることで自らの資産がどんどん膨らんでいくという強烈なインセンティブを持っています。「株価が上がれば自分が儲かる」という点で、株主と完全に利害が一致している**のです。

しかも、大株主である創業者であれば、忖度《そんたく》しなければならない利害関係者が圧倒的に少ないため、経営判断や意思決定をスピーディーに行えます。成長を目指す企業にとっては、経営のスピードも大きなドライブになります。創業者が株式の過半数を持っていれば決定権があるので、そのスピードは加速するでしょう。株の過半を握るオーナー社長はすべてを自分で決められるため、ワンマン経営の弊害もあるでしょうが、成長フェーズではメリットのほうが大きいと考えています。

ただ、注意してほしいのは、役員などの創業メンバーで株式を分散して保有しているケースです。一般的に創業社長は長くその地位にあるものですが、大株主の一角を占める役員が途中で経営から離脱するケースはよく見られます。経営陣である間は株式を保有していた彼らも、退社してまで保有し続ける義理はありませんし、売却すれば多額の利益を得られることから、保有株を一気に売却することがあります。

まとまった株数が売りに出れば当然株価は下落しますし、他の株主も売り始めて下落に拍車がかかることもあります。後述しますが、僕は実際にこうした銘柄に投資して大きな損失を被った経験があります。このため、株が創業メンバーの役員に分散されているような企業への投資には、慎重になるようにしています。

株主や役員の情報は会社四季報に掲載されています。ネット証券に口座を持っていれば、銘柄情報に四季報の情報を閲覧できます。

テンバガーの条件⑪
ＰＥＲが40倍以下（理想は20倍以下）

ＰＥＲは株価の割安度を示す指標です。割高で投資するより、割安な水準で投資するほうが当然ながら有利です。企業活動では、まずは売上を上げて、必要な経費や人件費を差し引いて最後に「純利益」という利益が残ります。ＰＥＲはその純利益を株数で割った「1株あたりの純利益」に対し、株価がその何倍になっているかを示す指標です。

ただ、テンバガーを狙えるような成長期待の高い銘柄に投資する際は、ＰＥＲなど気にする必要はないという考え方が一般的です。むしろ、そんなものを気にしていたら成長銘柄に投資できないという声も多くあります。実際、ＰＥＲが100倍を超えていても、数百倍であっても株価が上昇していく銘柄はあるので、ＰＥＲを気にしていたら大化け株を逃してしまうというわけです。

確かに、ここまで紹介した条件の多くに当てはまっているのに、ＰＥＲが高いばかりに投資できない銘柄は多くあります。それでも、僕のようにトイレでしか株価を見られないトイレトレーダーが大きな不安なく投資するには、割高な銘柄には投資するべきではないと考えています。

成長期待が高く割高な水準まで買われているＩＰＯ銘柄は株価の振れ幅が非常に大きく、短期間で株価が倍になったと思ったら、あっという間に半値まで下落するということも日常茶飯事です。このため、割高な水準で投資するほど損失のリスクは高まります。

一方、割安な水準で投資できれば、株価が下落に転じても下値の余地は小さくなるので上昇に転じるのを待つことができますし、上昇したときに取れる利益の値幅も大きくなります。

このことを痛感したのが、僕が初めてテンバガーを達成したアズーム（３４９６）への投資でした。僕がＩＰＯセカンダリ投資に目をつけたのは２０１９年ですが、この銘柄は２０１８年のＩＰＯ銘柄なので、存在を知ったときにはすでに上場していました。当時は、良い銘柄だと思ったら待つことができなくて、すぐに買ってしまったのですが、それは最悪のタイミングだったのです。

僕が最初にアズームに投資した２０１９年前半は、ＰＥＲが70倍近くに達していました。非常に割高な水準だったにもかかわらず、これだけの成長可能性があれば十分株価は伸びていく、早く投資しないと高くなってしまうと焦って投資してしまったのです。

どんなに良い銘柄でも、ＩＰＯしてまもない時期は非常に荒っぽい値動きをします。僕が投資した後のアズームの株価は下落を続け、ＰＥＲは20倍台まで下がってしまいました。含み損は日に日に膨らんでついには１００万円を超えてしまい、さすがにこれ以上は抱えていられずに泣く泣く損切りをしました。

株価は下がってはいましたが、アズームの成長性そのものに変化があったわけではないので、どこかで再度買い戻すつもりでいました。すると、損切りをした翌月となる２０２０年４月には株価が４００円台、ＰＥＲは20倍台まで落ちて来たのです。

ＰＥＲ20倍台というのは、比較的大型の銘柄や成長フェーズを終えて安定フェーズに入った銘柄で出てくるような数字であり、これだけ成長力のある銘柄のＰＥＲが20倍台というのは相当な割安だと判断できました。

そこで、このタイミングで再度、買い直しました。このときの投資が、約2年半後である22年11月にテンバガーを達成したのです。この後も株価は上がり続け、17倍を

●テンバガー銘柄でも割高なタイミングで買ってはいけない

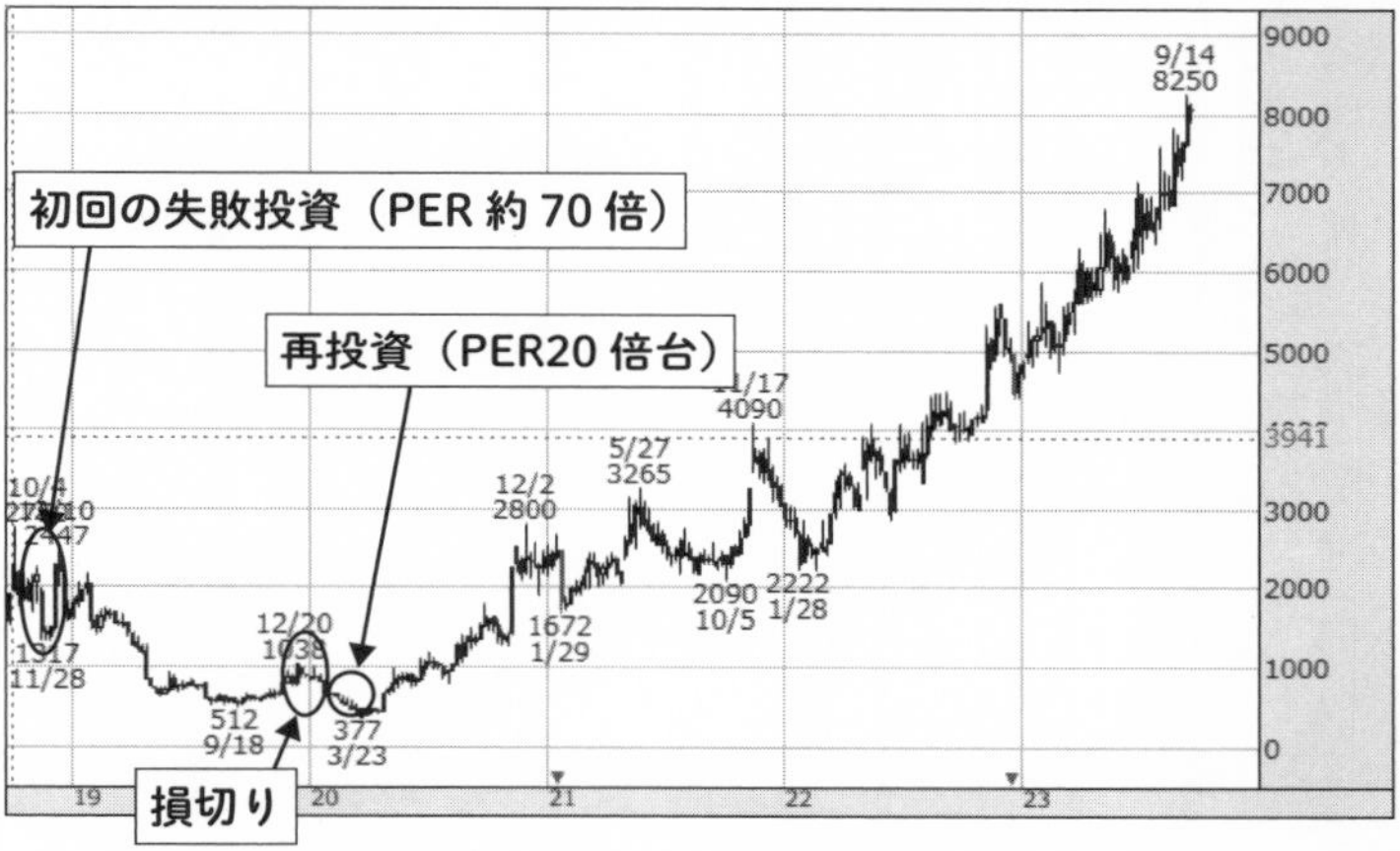

チャート出所：「株探」https://kabutan.jp/

超えています。もちろん、まだ保有を続けています。

同社はその後大きな業績成長を遂げているので、チャートだけを見れば損切りなどせずに持っていればいずれ大きく上がることになるのですが、それは結果論です。実際に渦中にいると投資して1年近く下落を続け、１００万円を超える含み損を抱えているわけですから、僕のように大底で損切りする羽目になってしまってもおかしくないのです。

この投資で痛感したことは、やはり良い銘柄の株は上がるということ、そしてたとえそうであっても割高すぎる水準で買ってはいけないということです。株価は高くなりすぎれば、当然、適切な水準まで下落する可能性が高くなります。大きな損失を抱えるリスクを抑えることを重視するなら、**どんなに良い銘柄であっても割高すぎるタイミングで買ってはいけない**のです。

毎年増収増益を続けていて、ビジネスが順調に進んでいるのにPERが割安な銘柄であれば、1年以内は難しくても、2～3年経てば株価は上がるものです。仮に思惑が外れて上昇しなかったとしても、もともと割安なので下値の余地は小さく、値下がりした場合の損失も小さくなります。

PERが高いままグングン株価が上がる銘柄もありますが、こうした企業ほど下落相場での値下がり幅は大きく、半値になったり3分の1になったりするようなこともザラにあります。**リスクを抑えるには、株価の下値余地が大きい銘柄は避けて、株価が下がりすぎない企業を選ぶことも重要**です。

このPERの条件に関しては40倍以下という目安で投資してきましたが、**できれば20倍以下とするほうが安全**だということを実感しています。

割高な銘柄を追いかけなくても利益は得られる

実際のところ、年間で１００銘柄ぐらいがＩＰＯする中で、①から⑩までの条件におおむね合致する銘柄は10銘柄以上あります。しかし、その半分ぐらいは初値や株価が高くなりすぎてこのＰＥＲの条件で弾かれてしまう印象があります。

ＰＥＲのルールを適用したために投資できなかった銘柄が、その後もどんどん上昇してしまって悔しい思いをするということも、当然あります。株式市場ではとても高いＰＥＲが許容されて、１００倍を超えてもどんどん株価が上がっていく銘柄もあるからです。高いＰＥＲにひるむことなく投資していれば大きな利益を得られたことにはなりますが、それはあくまで結果論であり、一歩間違えば大きな損失を被ることにもなり得ます。実際僕自身、宝くじのような感覚で割高な銘柄を少しだけ買ってみることもありますが、失敗することが多く、リスクは高いと実感しています。

そもそも、**すべてのテンバガー銘柄にもれなく投資するなど無理なのですから、縁がなかったと思ってあきらめる**ことです。ましてやさらに高くなった水準から追いかけてしまうと、リスクはさらに高まって、見送った意味がなくなってしまいます。常に相場を見ていられる人ならともかく、トイレでしかトレードできないような忙しい投資家は、過剰なリスクを冒すべきではないし、取らなくても十分な利益を取れるというのが僕の考えです。

ただ、割高すぎて投資できなかった場合でもすぐに投資候補から外すのではなく、ウォッチリストに入れて監視を継続することをおすすめします。5章で詳しく説明しますが、その企業の成長力やポテンシャルはまったく変化がなくても、さまざまな理由で株価は上下するので、待っていれば適切なPERまで下がってくることは往々にしてあるからです。時間をかけても安全な水準まで下がってから買うことで高値づかみを防ぎ、大きな値幅を取ることも可能になります。

ここまで、テンバガーを目指す銘柄選びで重視している11の条件を紹介してきました。

これらの11の条件は、すべて満たさなければ投資をしないと決めているわけではありません。満たす数が多いほど理想的だと考えている基準なので、当てはまっていない項目があっても投資をすることはよくあります。当てはまっている項目が多いほどテンバガーに近いといえますが、合致しない項目がいくつかあっても株価2〜3倍であれば十分狙えるケースは多いと考えています。

それでも②ビジネスモデル、③売上が伸びている　④営業利益と最終利益が伸びている　⑪ＰＥＲの４つの項目は特に重視しており、当てはまらない項目があっても、この４つの条件は原則として投資の必須条件にしています。ＩＰＯ銘柄は年間わずか１００程度しかないのに、これらの条件をおおむね満たす銘柄となると、ほとんどないんじゃないかと思う人もいるかもしれません。

でも、そんなことはありません。僕は実際、この条件にほぼ適合した銘柄を年に5銘柄ほど投資できています。次の章では、銘柄選定から投資までのプロセスについて紹介します。

第4章

最短時間でテンバガーを見つけ、低リスクにエントリーする方法【失敗例コミ】

この章では、前述した11の条件に合致するテンバガー候補銘柄をどうやって探し、投資しているかについて、その具体的なプロセスを解説していきます。僕が主力として投資する銘柄はほぼ100%IPO銘柄なので、目を皿のようにして会社四季報を見たりはしません。時短と効率を重視し、IPO銘柄に絞って銘柄情報の収集をします。

STEP1　IPOの予定をチェック

まずは、これからどんな銘柄が上場してくるのかというIPOの予定をチェックします。僕のおすすめは、「やさしいIPO株のはじめ方」(https://www.ipokiso.com/)というサイトです。このサイトは、IPOの基本的な知識やしくみ、投資法などを解説しているほか、IPOが決定した企業の情報やスケジュールなどが詳しく掲載されています。

上場の承認そのものは東京証券取引所(東証)が行うので、東証を傘下に持つ日本取引所グループのサイトの「新規上場会社情報」のページでも上場日や会社名が公表されます。

ただ、**「やさしいIPO株のはじめ方」のほうが、圧倒的に情報量が多く便利なので、こちらを見ておけばまず問題ありません。**たとえば、公募価格がどの程度になりそうかの予想である「想定価格」や申込期間、どれぐらいの当選が出そうかの「当たり本数」、比較的当選しやすいと考えられる「狙い目証券」などの情報がまとめられています。また、上場を果たせば、実際に市場でついた初値やそれが公募価格をどの程度上回った（または下回ったか）という情報も随時追加されていくので、過去のIPO銘柄から投資候補を探す際にもおすすめできる情報源です。

トップページから「IPOスケジュール」あるいは「IPO企業情報」をクリックすると、IPOが決まった企業名が一覧できます。企業名をクリックすると、銘柄の詳細情報が見られます。その中で僕がチェックしているのは、以下の項目です。

●事業内容

銘柄ページの冒頭で、その企業がどういうビジネスを営んでいるのかが簡単に解説されています。ここで、僕が重視しているストック型ビジネス、あるいは多店舗展開型、営業人員依存型ビジネスかどうかを確認します。

●想定時価総額

正確な時価総額は上場して株価がついた段階でわかるものですが、ここでは公開価格を基準にした想定時価総額が記載されています。もし、上場後に公開価格の倍の株価がついた場合には時価総額も倍になることになります。

前述した通り、時価総額は小さいほど値動きが軽く、株価成長の余地が大きくなると評価できます。

●予想PER

「IPO価格情報・初値予想（独自）」項目の表の下に、公募価格として想定される価格に対するPERが記載されています。40倍を大きく超えていれば当面は投資候補にはなりませんが、あくまでも予想なので、大きく超えていなければウォッチ対象とします。

●企業業績のデータ（5年分）

過去5年間の業績がまとめられています。売上、経常利益、当期純利益など損益計算書の項目のほか、自己資本比率などのデータもあります。ここで、売上と利益が継続して伸びているか、黒字をしっかり出せているかをチェックします。

●株主構成、ロックアップなど

株主がどういう人物や組織で構成されているかは重要です。テンバガーの条件にも上げていますが、経営者が持っている株の割合が大きいほど魅力的です。大株主が経営者や現職の役員であれば、その保有割合が多いほど有力候補となります。経営陣の名前は企業のホームページでも調べられます。

ただ、**ベンチャーキャピタルと思われる名前が大株主に名前を連ねている場合は、要注意**です。彼らは上場前のリスクの高い状態で出資して、上場してから株を売ることで利益を得ることが目的なので、その**保有割合が多いほど強い売り圧力となって株価を下げてしまう**からです。

いずれの場合でも、大株主には「ロックアップ」がかかっています。ロックアップとは、ＩＰＯの前から株を持っている既存株主にかけられる制限のことです。ＩＰＯに当選した投資家であれば初値で売ることができますが、ロックアップがかけられている既存株主は、上場してから一定期間、あるいは一定の株価になるまで株を売ってはいけないというルールが課せられます。

なぜこのような制限が設けられているかというと、創業者やベンチャーキャピタルはたくさんの株数を持っているため、それを一気に市場で売却すると株価が大きく下がってしまうからです。そうなると、上場を機に投資した投資家が予期せぬ損失を被ってしまうことになりかねないので、上場してすぐには売却できないよう制限されることがあるのです。

期間が制限されている場合でも、株価が一定の水準まで上昇すればそれが解除されることもあります。初値の１・５倍などと設定されていれば、ロックアップ期間であっても定められた水準まで株価が上昇すれば売却できるようになります。

ロックアップの条件は株主ごとに定められており、「１８０日間」「90日間」「90日間&１・５倍」などが一般的です。経営者がまとまった株数を売りに出すことはほとんどありませんが、ベンチャーキャピタルであれば多くが上場後に株を売って利益を出すことを出資の目的としているので、ロックアップが解除されたタイミングで売りに出すことが多くなります。こうした条件が定められている株主が多いほど、180日後や90日後、あるいは1・5倍に達したときに株価が下落に転じることが多いので注意します。逆にこうしたタイミングが絶好の買い時になることもあります。

ちなみに、ベンチャーキャピタルが株を多く保有しているからといって、必ず売却してくるとは限りません。たとえば、2023年に上場したGENDA（9166）の大株主としてミダスキャピタルという組織が名を連ねていますが、ここは長期目線の投資を行うファンドなのでロックアップが解除され次第すぐに売ってくるようなことは考えにくい株主です。また、親会社が大株主という場合も、簡単に売って来るとは考えにくいので安心感があります。

ちなみに、このサイトでは管理人が成長性、割安性、話題性について◎、○、△のそれぞれ三段階の評価をつけており、総合評価として各銘柄をS、A、B、C、Dの5段階でランク付けしています。このサイト以外でも、多くのIPO関連のサイトでこうした銘柄評価が見られるのですが、セカンダリ投資をする分には特に気にする必要はありません。

これらの評価は公募価格に対して初値がどれぐらい上がるかを予想した評価なので、その企業そのものの成長性や業績とは必ずしも一致しないからです。上場時にあまり評価されずに初値があまり上がらなかった場合や公募割れした場合であっても、後からじわじわ株価が上がっていく銘柄もあります。

僕のこれまでの投資銘柄でも、テンバガーを果たしたアズームこそA評価でしたが、数倍を果たした他の銘柄はどれもCやDなど低い評価でした。評価が低いというのは、初値が高騰しにくいということなので、セカンダリ投資を狙う投資家にとってはむしろ有利で狙い目な銘柄ということにもなります。

僕はこのサイトは毎日チェックしていますが、このステップの情報チェックには1分ぐらいあれば十分です。ほとんどの銘柄がここでふるいにかけられるので、チェック項目を満たす銘柄があった場合のみ次のステップに進みます。

STEP2　銘柄情報を深掘りする

次は最初のステップで、調べる価値がありそうだなと感じた銘柄について、深掘りしていきます。

まじめな投資家であれば、東証のサイトの新規上場会社情報のページにリンクされている「新規上場申請のための有価証券報告書」や、証券会社のＩＰＯのページに公開される「新株式発行並びに株式売出届出目論見書」（以下、目論見書）などの各種資料を丹念に調べるのでしょうが、いずれも２００ページぐらいあるので、すべてに目を通すのは大変です。しかも、企業経営や財務に関する専門知識を持たない僕にとっては、内容そのものが難しくてあまり読む気になれません。

そこで、僕が活用しているのは、便利なYouTubeチャンネルです。ＩＰＯ投資に詳しい人が、ＩＰＯが決まった企業について調べて動画にしてくれているチャンネルが複数あるので、こうした動画にお世話になっています。

僕が特によく観ているチャンネルは「Mejiro Selected Stock」です。投資で億の利益を達成して仕事を辞めて専業投資家になったMejiroさんという人が運営するチャンネルで、ＩＰＯが決まったすべての銘柄についての情報をまとめ、目論見書の中身を解説してくれています。すべての内容を鵜呑《うの》みにするべきではありませんが、事業内容、業績・将来性、仮条件などの基本情報を紹介してくれるほか、セカンダリ投資の魅力がどれぐらいあるかという彼の評価や、初値予想、投資方針も参考になります。また、「ＩＰＯセカンダリートレーダー aki」というチャンネルもよく観ています。

これらのチャンネルのほかにも、検索すれば銘柄を分析する動画があるので、複数チェックしておくことでより多面的な評価が確認できるでしょう。そのうえで、疑問やさらに深掘りしたい点が生じたら、改めて自分で目論見書を調べたり、企業のウェブサイトをチェックしたりすれば、より効率的に銘柄分析できます。

僕が銘柄について調べる際は、具体的なビジネスモデルに加えて、今後の成長戦略をどう描いているかという点に注目しています。前述した通り、僕は主にストック型ビジネスか、多店舗展開モデル、営業人員依存型モデルの企業に投資するので、課金の積み上げが今後どの程度まで上積みできる余地があるのか、店舗をどのように拡大していくか、といった点については納得いくまで調べるようにしています。とはいえ、特別なリサーチをしているわけではなく、普通に企業のウェブサイトを調べることや、YouTubeやネット検索が中心です。

STEP3　買い時を見極める

ここまでのプロセスで、投資候補となる銘柄が決まりますが、実際に買うかどうかはまだ決めることはできません。初値があまりにも高く、PERが40倍を大きく超えてしまったりすれば、当然ながら投資は見合わせることになります。こうした場合でも、株価が下がったり、業績が改善してPERが割安な水準まで落ちたりしてくれれば投資するので、銘柄の監視は続けます。

僕の買い方は、大きく4パターンあり、その銘柄や値動きによって使い分けています。

テンバガー候補の買い方①
すぐ買う、または初値で買う

銘柄を見つけたタイミングにもよりますが、上場前に投資候補に定めたのであれば初値や上場初日に買う、上場してから見つけた銘柄であればすぐに買う、という方法があります。業績の良い成長銘柄であれば、基本的には業績は右肩上がりに伸び、それに伴って株価も上昇していくので、理屈では早く買うほど有利ということになります。

僕がＩＰＯセカンダリ投資を始めたばかりのころは、よい銘柄だと思ったら待つことができず、すぐに欲しくなっていたので、ほとんどがこのパターンでの買い方でした。結果としては、そこで高値づかみしてしまったケースもあれば結果オーライだったケースもあり、早く買うことが必ずしも良い結果につながるわけではないようです。

特に、初値がＰＥＲ40倍を大きく超えている場合は、無理に追いかけるのは非常にリスクが高いと思います。数日経って株価が落ち着くこともありますし、次の決算とマーケットの反応を確認してからでもいいのです。

【ケーススタディ】GENDA（9166）公募割れでの初値買いが成功した例

最近、このパターンがうまくいった例としては、2023年7月に上場したGENDA（9166）があります。GENDAはゲームセンターやアミューズメント施設の開発、運営を担う会社で、米国や台湾など海外展開も積極的に行っています。

駅前に立地する都市型店舗のほか、ショッピングモール内の店舗や、郊外の幹線道路沿いに立地するロードサイド型店舗などさまざまな形態の店舗を展開しており、僕の大好物のひとつである多店舗展開型ビジネスモデルの企業です。時価総額が大きいのでテンバガーは難しそうですが、2～3倍なら十分あり得ると思い、割安な水準であれば投資したいと考えていました。

もともとこの銘柄は比較的大型のIPOで、市場から吸収する金額も大きかったので、高い初値はつきにくいというのが大方の予想でした。そして、実際の初値は公開価格の1770円を7・51％も下回る1637円でした。

買おうと思っていた銘柄がまさかの公募割れとなると、相当不人気なのではないか、このままどんどん下落していくのではないかと不安になってしまうかもしれません。しかし実際は逆で、セカンダリ投資を手がける投資家にとってはチャンスです。リアルタイムでどんどん下落しているというのであれば少し様子を見てもいいかもしれませんが、見ていられないなら余力を残して打診買いしてみるのは大いにアリだと思います。

このとき、銘柄についての理解が不十分だとどうしても、不人気そうな銘柄を本当に買ってもいいのか、という自信がなくなってくるものです。買いたいと思った銘柄に対しては、できる限り情報収集して、投資する価値がある銘柄であることをしっかり確認しておくことが重要です。思いのほか、株価が安くなってしまったときに自信を持って買い向かえるようにしておく必要があります。

GENDAの場合、初値こそ公募価格を下回る残念な数字になってしまったのですが、まもなく公開価格の1770円を奪回し、その後もグングン上昇して、終わってみればストップ高の2037円に張り付いた状態でその日の取引を終えました。ストップ高とは、その銘柄を買いたい投資家が多すぎて、1日の株価の上昇や下落の変動幅を一定範囲内に制限するため「値幅制限」にひっかかってしまった状態を言います。

翌日以降は2週間ほど方向感のない動きが続きましたが、その後株価は上昇を始め、上場1か月後には初値の2倍近い株価をつけています。振り返ってみれば、上場初日は絶好の買い場だったのです。

初日のストップ高の2037円であってもPERは19・81倍で、十分買える水準でした。当日はストップ高で買えなかったとしても、2週間ぐらいは同じ水準の株価で推移していたので、買えるタイミングで買っておけば1か月後に1・5倍程度にはなっているわけです。

初値が公募割れしたその日のうちにストップ高という展開を予想するのは難しいのですが、初値が高くなかったからといって必ずしも人気がない、株価が上がらないということにはならないことがわかるはずです。

値動きが激しいうちは無理に投資する必要はない

上場初日に公募割れからストップ高という極端な値動きをするのは珍しいケースではありますが、1日の値幅としてはこのぐらい大きく動くのはあるあるだと思っておくのが無難です。公募価格よりも高い初値をつけて、その後さらにストップ高まで上昇するパターンもあれば、初値が高くても同じ日にストップ安まで売り込まれるケースもあります。

IPO初日は配分を受けた株主はもちろん、セカンダリ投資を狙う個人投資家のほか、GENDAのように時価総額が機関投資家が投資できる水準に達している場合は機関投資家も参戦します。それぞれの思惑がぶつかり合い、値動きがジェットコースターのように動くことも日常茶飯事です。こんな値動きの渦中に飛び込むのは怖い、と感じる人がいてもそれは当然だと思います。

こうしたときには、たとえ割安な水準だったとしても、無理して投資する必要はありません。割安になる買いチャンスは後からやって来ることも多いので、様子を見てもかまいません。その場合は、以下の方法でチャンスを待つことになります。

●PERが安定するまでは様子見してもいい

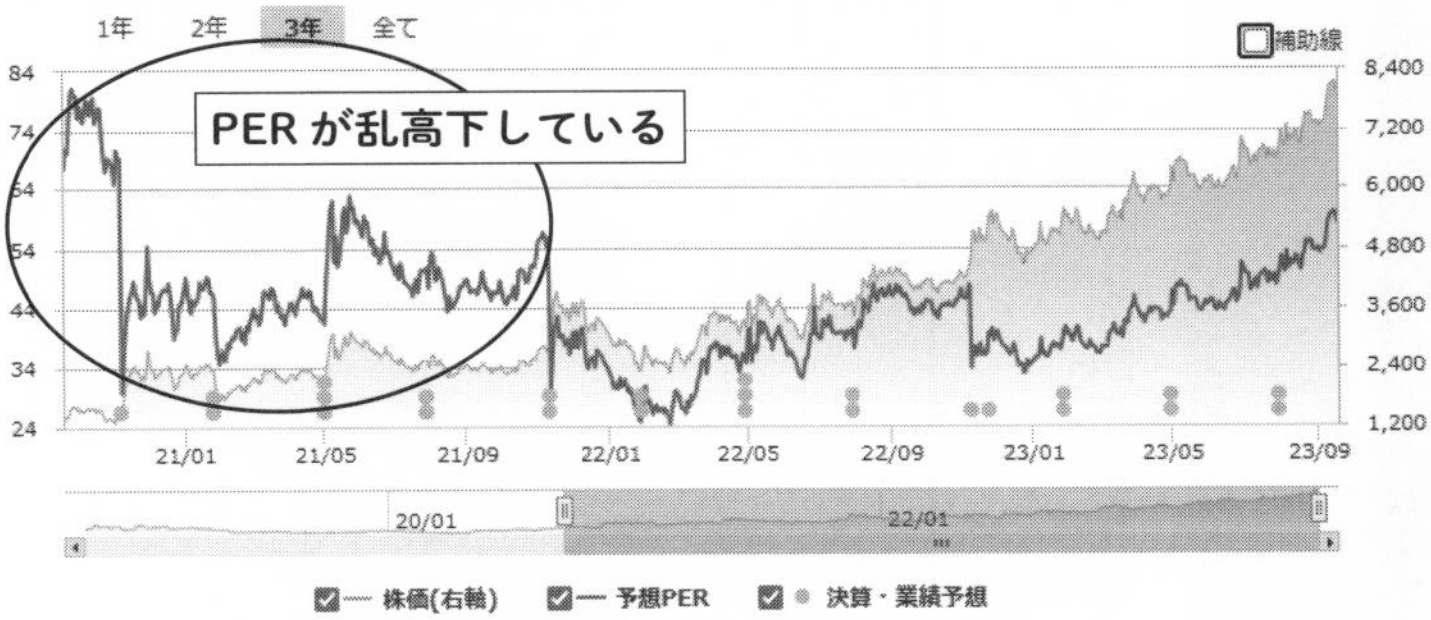

画像はマネックス証券「銘柄スカウター」より引用

テンバガー候補の買い方②
適正なＰＥＲになるのを待つ

買いたいと思ったときに株価が高すぎる場合、要するにＰＥＲが割高である場合には、そのタイミングで買うのはリスクが高いので見合わせることになります。割高ではなくても、株価が乱高下して手を出しにくい場合も同様に様子見します。

銘柄の魅力は変わらなくても、株価はさまざまな理由で下落するので、割安な水準になるタイミングがあれば、絶好の投資タイミングになり得ます。

僕がテンバガーを達成したアズームの場合、上場直後のＰＥＲは非常に割高で、上場してから2年ほどは株価も激しく上下を繰り返し、PERも高くなったり低くなったりと乱高下しました。期間には差がありますが、上場直後はどの銘柄も値動きが激しく、手を出しにくい傾向があります。

【ケーススタディ】アズーム（3496）
テンバガー銘柄に訪れた買いタイミングの例

アズームの場合は2022年初め頃からこうしたPERの乱高下が収まり、低水準で安定してきたように見えます。この銘柄の場合は上場時から投資をしても長期では十分な利益が出ているのですが、22年前半のPERが低水準で安定してきたタイミングで投資するのが最も効率がよく、含み損を抱えることなく右肩上がりを続けていけることがわかります。上場直後の難しい時期は避けて、PERが低い水準で安定してくるタイミングを待って投資するのも有力な方法になるでしょう。

また、**様子見している間に株式市場が全面安になることがあれば、こちらも絶好の買いタイミング**になります。

全面安というのは、株式市場全体が何らかの理由で大きく値下がりしていることです。個別の企業に影響するニュースや材料があれば、その銘柄が大きく上がったり下がったりするわけですが、全面安の局面では基本的には良い銘柄もそうではない銘柄も一斉に急落します。平時に優良銘柄が大きく下がることはあまりないので、またとないチャンスになります。

最近であれば、２０２３年3月に米国の地銀シリコンバレーバンク（ＳＶＢ）が経営破綻したことで世界的に株安になったシリコンバレーショック、22年2月にロシアがウクライナに侵攻を始めた際のウクライナショック、20年3月のコロナショックなどがこれにあたります。

次ページの2つのチャートは、コロナ禍の最初の年である２０２０年の日経平均株価とアズームのチャートです。国内初の死者が出た2月から下落基調となり、学校の臨時休校やイベント自粛などで社会の空気が一変した3月に株価が底をつけています。

それでも、日経平均は4月、アズームも5月には上昇に転じており、結果として絶好の買い場となっていることがわかります。アズームのＰＥＲは新型コロナが表面化する前は30倍台で推移していましたが、表面化してからは20倍台まで下がっていま

●コロナ禍の最初の年である 2020 年の日経平均株価チャート

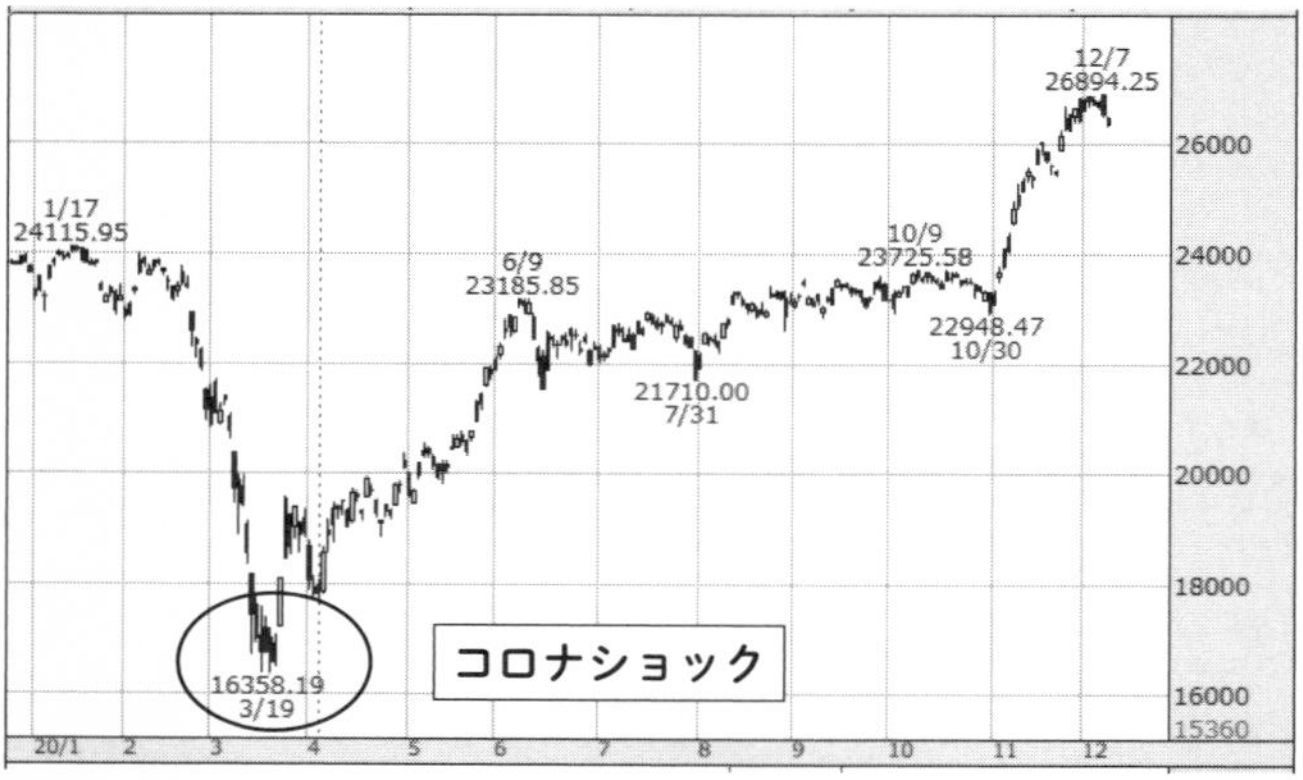

チャート出所：「株探」https://kabutan.jp/

●コロナ禍の最初の年である 2020 年のアズームのチャート

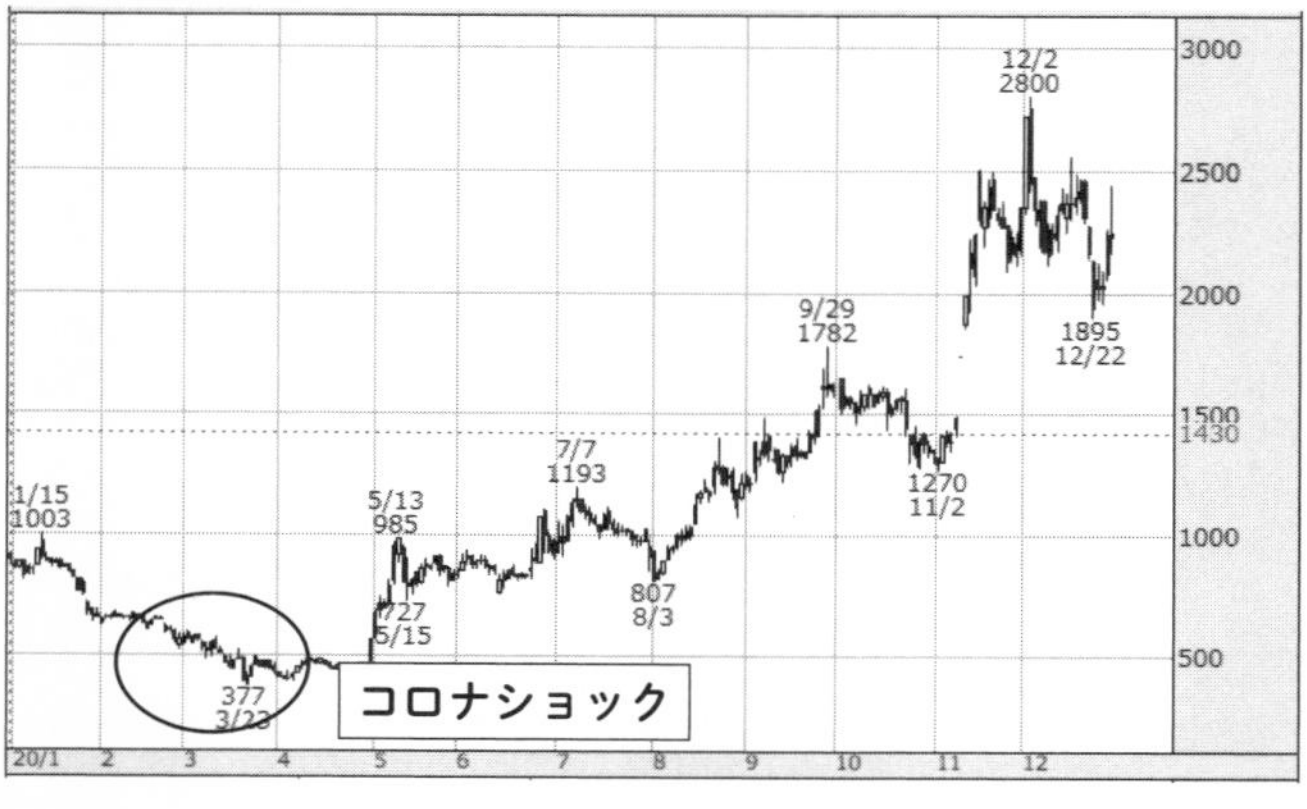

チャート出所：「株探」https://kabutan.jp/

す。

僕の20年の経験では、年に1～2回はこうした金融ショックで大きく株価が下がることがある印象です。ただ、株価がどのぐらいで上昇に転じるかはそのときによるので、渦中にあって正確な買い場を見極めることは困難です。数日で終わることもあれば、数か月にわたることもありますし、100年に1度の金融危機といわれたリーマンショックは1年以上下落が続きました。

こういうときは、大底で投資しようとしてもほぼ不可能です。下落の渦中のどこかで買えればそれでOKだと考えましょう。

テンバガー候補の買い方③
決算発表を待つ

割安に買えるチャンスは、決算を経てやってくることも多くあります。決算は企業の実力を確認する機会であるとともに、株式市場の評価を見極める機会になるうえ、時に絶好の買いチャンスをもたらしてくれることもあります。

【ケーススタディ】ジャパンワランティサポート（7386）

会社の計画通りに進捗する決算で株価が下がる

ジャパンワランティサポートは給湯器、キッチン、トイレなど新品住設機器の修理や、鍵の紛失や水回りトラブルへの緊急対応を行う「あんしん修理サポート」を提供する企業です。2023年5月に第2四半期決算を発表してから、株価は下落しており、決算前に4000円を超えていた株価は、3300円台まで落ち込んでいました。この決算は、すでに公表していた会社の計画をわずかですが超過しており、順当な決算だといえる内容です。

しかし、こうしたIPOしてまもない成長企業の場合、株式市場はもっと高い成長や、もともとの計画を大きく上回る決算を期待するのでしょう。計画をわずかに超過する程度では満足しないようで、株価はダラダラと下がっていたのです。

しかし、会社側が決算と同時に発表した決算説明資料を見る限り、大きな問題は感じられません。「フロー売上であるBPOサービスの新規契約も順調に推移し、第3四半期以降の売上に寄与する」とも記載されており、次の決算に期待を持てるような情報もあります。

●悪くない決算で買いチャンスが来ることも

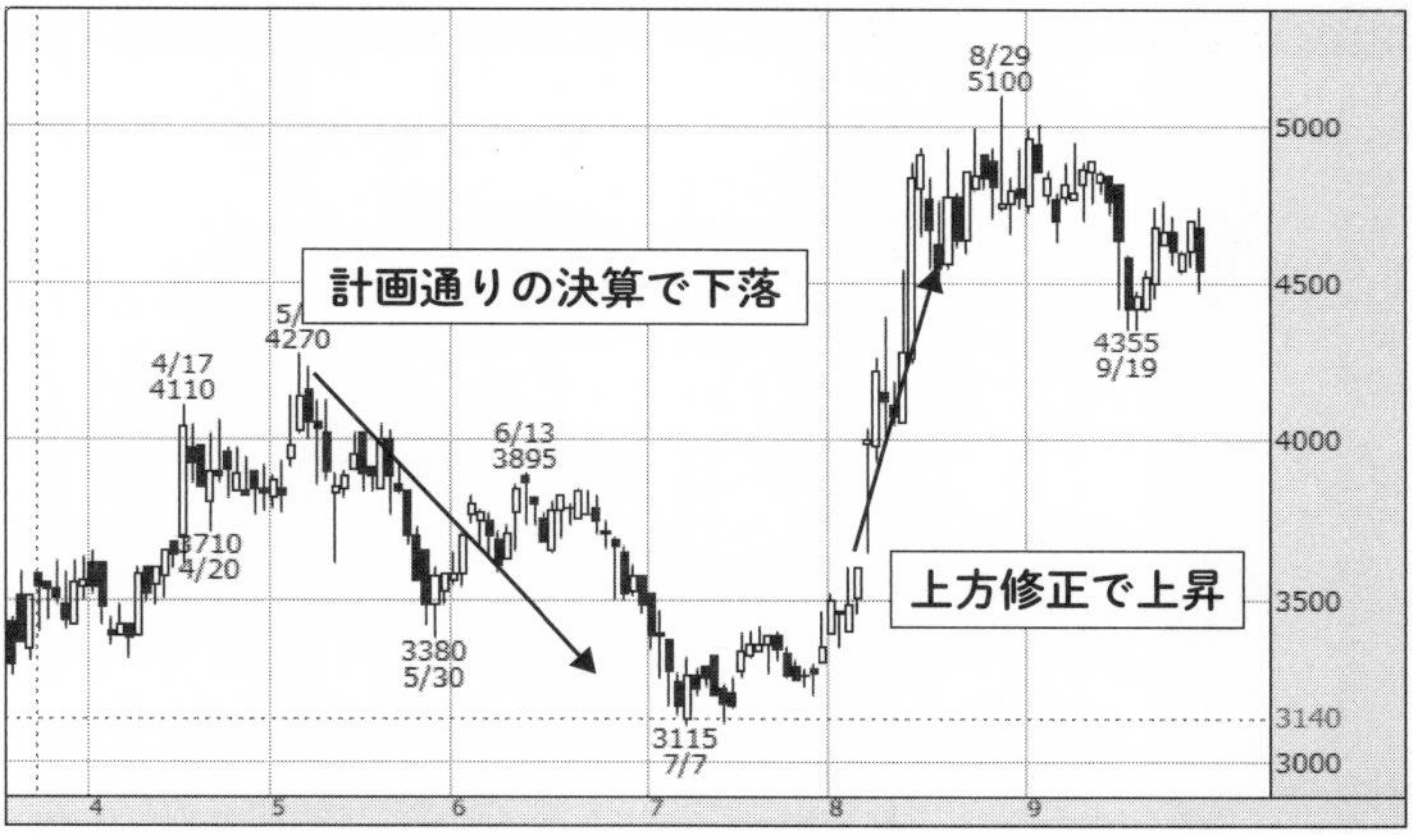

会社の計画通りに進捗している決算でも失望売りが出て、買いチャンスになることも。チャート出所：「株探」https://kabutan.jp/

●良い決算を出し続ければ再評価される時が来る

第２四半期(2023年1月～3月)　業績ハイライト

- 売上はストック売上が大半を占めるビジネスモデルの中、前年同期比**116**%を達成
- フロー売上であるBPOサービスの新規契約も順調に推移し、3Q以降売上に寄与
- 営業利益は、１Qでは株主総会費用等今期から発生する費用が集中し、前年同期比2%の成長にとどまった。２Qは引き続き人員増・CS拡大といった事業拡大に伴う費用増がある一方、システム化推進等による販管費の抑制もあり、前年同期比**119**%となる
- 結果、純利益は前年同期比**128**%の成長を達成

	2Q(2023年1月～3月)実績	YoY
売上高	４０９百万円	116%
営業利益	１５７百万円	119%
経常利益	１５９百万円	121%
当期純利益	１１０百万円	128%

全項目２桁成長を達成

出所：ジャパンワランティサポートの決算説明資料

順当な決算を出しているのに株式市場の期待には応えられずに下落している場合でも、地道に良い決算を出し続けていればいずれ再評価されるときが来るので、長期投資であればこうしたときに投資しておく手は有効だと思います。この銘柄の場合は、その次の決算で会社の業績計画を引き上げる上方修正を発表し、株価が急騰しました。

チャンスが来ないときは潔くあきらめる姿勢も必要

割高な銘柄であっても、監視しながら買い時を待っていれば、いつか絶好のチャンスが訪れます――と言えればいいのですが、必ずしもそうとは限りません。いつまでたっても買い時は訪れない銘柄も当然あります。

医療系人材紹介プラットフォームやオンライン診療システムを提供するメドレー（４４８０）は、２０１９年末に上場した銘柄です。赤字の状態での上場ではありましたが、２か月後に発表した２０２０年12月期の業績予想では、黒字化する計画を公表したことに加え、その直後に起こったコロナ禍でオンライン診療プラットフォームが注目を集め、株価が急騰しました。

上場時は赤字なのでPERは出ませんが、黒字の業績計画を発表して初めてPERが算出できたタイミングで、すでに同社のPERは100倍を超えていました。1270円の初値をつけてから、10か月後には株価約6倍を達成していますが、僕の投資基準を当てはめると上場してから1度も投資できるPER水準に落ちてきたことはありません。

短期間で大きく儲けられる投資家は、割高であっても市場の注目を集めたタイミングで思い切った投資ができる人なのでしょうが、それは結果論でしかありません。実際、2020年10月に7370円の高値をつけた5か月後の21年3月には半値にまで下落しており、その1年後である22年3月には4分の1の水準まで下落しています。

この安値で買えた人は、今頃株価は3倍以上になっているわけですが、買いと売りのタイミングをよほどうまく当てられる人でない限り、こうした銘柄では短期間で資産が半分になったり、3分の1になったりするような事態が容易に起こり得ます。よほどうまく立ち回れる投資家でない限りは、手を出さないのが無難です。

そもそもトイレでしか投資ができない忙しい個人投資家は、このような激しい値動

●メドレーの上場来チャート

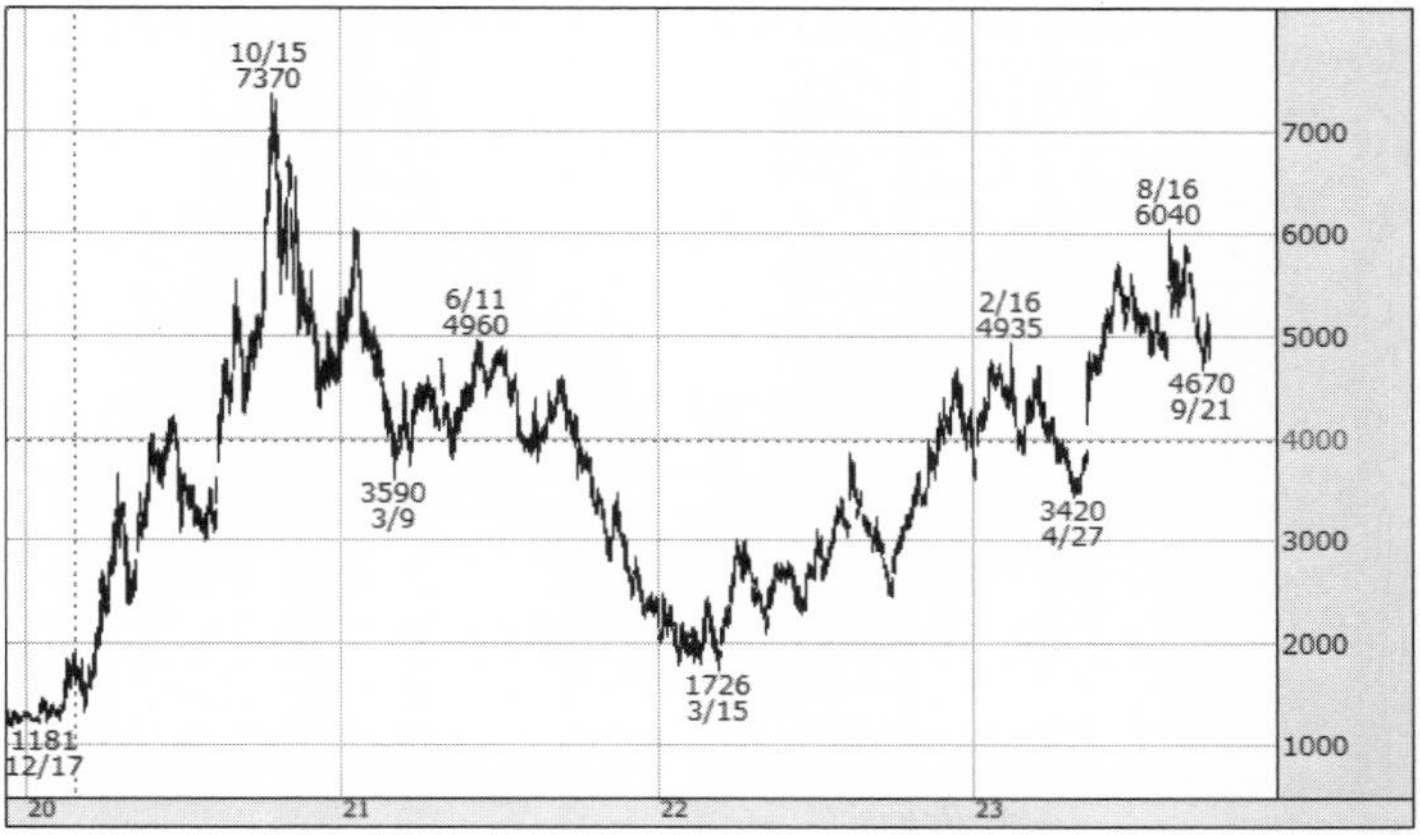

高 PER 銘柄は株価の変動が激しく、投資タイミングを間違えると大きな損失を出すことも。メドレーは 1 度も投資できる水準の PER に落ちてきたことがない。チャート出所：「株探」https://kabutan.jp/

きについていくのは困難です。こうした忙しい投資家は、株価が激しく上下する銘柄に投資をするのではなく、2022年以降のアズームのように、右肩上がりのチャートを描ける銘柄に絞るほうが安全です。

リスクを冒せる人にとっては非常に魅力的な銘柄で、実は僕も宝くじ感覚で少しだけ保有していて利益を出せてはいるのですが、それでも保有株数を増やしたり短期売買を手がけたりする気にはとてもなれず、主力銘柄にはしていません。

このように、せっかく目をつけて買い時が来るのを待っているのに一向にチャンスがやってこない、ということもよくあるものです。こうした銘柄は縁がなかったと思って**深追いしないように**しましょう。新しい投資候補はこれからいくらでも登場してくるのですから。

成功した投資なら、売却はしない

投資は、買いタイミングよりも売りタイミングのほうがはるかに難しいといわれます。僕の場合、成功している長期投資であれば、基本的には売りは考えません。テンバガーを達成し、継続保有中のアズーム（３４９６）もいずれ急成長のフェーズを終えて、安定成長や成熟期にスイッチするときがやってくるでしょう。こうしたフェーズに入れば、多くの企業はそれなりに配当を出すようになるので、それを受け取りながら持ち続けると思っています。

もともと、３～５％程度の配当を狙う高配当株投資にはまったく興味がないのですが、安く投資できて、なおかつテンバガーを達成した銘柄であれば話は別です。きわめて安い時期に投資できていれば、株価成長の過程で配当が増える増配を繰り返すことで、実質的な配当利回りは数十％に達することもあり得るからです。テンバガー投資は売却益を狙うものだというイメージが強いと思いますが、その銘柄の魅力が失われない限りは持ち続けて莫大な配当収入をもらい続けるという夢もあります。

また、ここまでくれば、仮に複数回ストップ安に見舞われたとしても、そう簡単に含み益はなくならないので怖いものなしの状態になります。成功した投資ほど、持ち続けるメリットは大きいので、手放す必要はないのです。

そもそも、企業が成長して時価総額が大きくなれば、いずれその成長は鈍化するものです。トヨタ自動車やファーストリテイリングのような企業が、スタートアップと同じように2ケタ成長を続けるのが難しいのと同じ理屈で、規模が大きくなるほど成長率は鈍化します。ゆるやかにはなっても、成長を続けていれば、十分持ち続ける価値があると思っています。

よほど有望な銘柄を見つけて資産の大半を投じたくなったときや、欲しい不動産に出合ったなど、現金が必要になったときに売却しようと考えています。

売らなければならない2つのケース

当然ですが、すべての投資が成功することはありません。思うように株価が上昇せず含み損状態に陥ることもよくあります。

その銘柄の魅力自体は変わりがないのに、株価だけが下落していくこともあります。何も悪材料がないのに下落したり、良い決算を出しているのにストップ安して含み損が拡大したりするということも珍しくありません。

こうした場合、含み損が出たというだけの理由で長期投資している銘柄を損切りすることはあまりありません。銘柄の魅力が変わりないのであれば、いつかは市場で再評価されると考えているので多くの場合、持ち続けています。よほど割高な水準で投資してしまった場合は別ですが、そうでなければ次の決算や遅くともその次の決算で株価が反転上昇し、助かっています。こういうときに、やはり銘柄を厳選していてよかった、割高な水準で投資しなくてよかったと思えます。

ただ、僕の場合、節税とすでに源泉徴収された税の還付を受けるために、年に2回、評価損の出ている銘柄を売却しています。このため結果としては年2回、機械的に損切りをしていることにはなりますが、多くの場合、同じ銘柄を買い直すか、もっと安くなりそうであれば監視を続けてチャンスを待ちます。

一方、損益にかかわらず、売却してその銘柄との縁を切ってしまうこともあります。具体的には、保有する理由がなくなった場合と、株価下落リスクが高まった場合です。

売りタイミング①

保有する理由がなくなった場合

売りを判断する基準は明快で、投資すると判断した根拠である11の条件（73～98ページ）を満たさなくなったと判断できたときに、手放します。特にビジネスモデル、売上や営業利益が伸びているという条件は非常に重要です。

たとえば、増収増益が続いていたから投資したのに、横ばいや減収減益になった場合は、売却を検討します。成長しているから投資したのに、成長しなくなっているなら基本的には保有している理由はないからです。何らかの理由でビジネスモデルに魅力がなくなったような場合にも、損益にかかわらず手放します。

ただし、保有している銘柄の株価が上昇してPERが割高になってしまったようなケースでは、気にせず保有を続けてかまいません。PERの条件は高値づかみをしないためのルールなので、割安で投資できた長期保有銘柄が割高になることはむしろ歓迎すべきことです。売上や営業利益が伸びていて、ビジネスモデルに引き続き魅力がある限りは保有し続けてOKです。

【ケーススタディ】プロジェクトカンパニー（9246）
成長銘柄のはずが一転減益予想、人材教育苦戦で撤退を決断

プロジェクトカンパニー（9246）はDXコンサルを提供する企業で、2021年のIPOでたまたま当選した銘柄です。IPOで配分を受けた場合は基本的には初値で売ってしまうのですが、増収増益が続いているし、経営陣の持ち株比率も高い。また、コンサルタントが売上の源泉である営業人員依存型のビジネスモデルなので、少し残しておいてもいいかなと思い、一部を保有していました。

当初は順調に決算をこなしていましたが、2023年8月に発表した決算で、業績計画の下方修正を発表しました。当初の計画より売上の伸びが鈍化し、営業利益は鈍化どころか減益に転じました。

開示資料を見るとコンサルタントの採用と戦力化がうまくいっていないようで、翌年の新卒採用の目標も下方修正していました。要するに収益源であるコンサルタントの採用と教育で苦戦しているのが主な減益要因で、これは営業人員依存型のビジネスモデル自体がうまく回っていないということになります。

そうなれば、もう保有を続ける理由がありません。株価は大きく下落しており、す

●ビジネスモデルがうまくいっていないことを示す下方修正

2023年8月14日

各　位

会　社　名　株式会社プロジェクトカンパニー
代表者名　代表取締役社長　[redacted]
（コード：9246　東証グロース市場）
問合せ先　専務取締役　[redacted]
（TEL：[redacted]）

業績予想の修正および役員報酬の減額に関するお知らせ

当社は、2023年8月14日開催の取締役会において、最近の業績の動向等を踏まえ、2023年12月期（2023年1月1日～2023年12月31日）の通期連結業績予想を下記のとおり修正することといたしましたので、お知らせいたします。

また、役員報酬の減額を実施することといたしましたので併せてお知らせいたします。

記

1．業績予想の修正について

（1）2023年12月期の連結業績予想数値の修正（2023年1月1日～2023年12月31日）

	連結売上高	連結営業利益	連結経常利益	親会社株主に帰属する当期純利益	1株当たり連結当期純利益
前回発表予想（A）（2023年2月14日発表）	百万円 7,470	百万円 1,270	百万円 1,260	百万円 840	円 銭 145.81
今回修正予想（B）	6,420	720	720	430	74.30
増減額（B－A）	△1,050	△550	△540	△410	－
増減率（%）	△14.1	△43.3	△42.9	△48.8	－
（参考）前期連結実績（2022年12月期）	4,352	958	948	676	102.54

でに売却した分で利益は出せているとはいえ、保有している分では損失を確定した形になりました。

業績が悪化しても売らないケースもある

ただし、業績が悪化したら必ず売るわけではありません。成長中の企業は一時的に利益成長が鈍化、減益になることがあります。これはさらなる成長を目指すために設備投資をしたり採用を強化したりする必要があり、こうした投資を集中させる年にはどうしても費用がかさみ、営業利益を圧迫してしまうからです。また、ビジネスモデルを売り切り型からストック課金型に転換しようとするタイミングなどでも、売上は一時的に下がることがあります。

このため、売上や利益の伸びが鈍化したり止まったりしたときは、まずその理由を確認します。需要の低迷なのか、原価の上昇なのか、将来を見据えた投資がかさんでいるのかは、企業側が発表する決算短信や決算説明資料に書いてあります。

将来を見据えた投資である場合は、その投資がいつまで継続し、いつになったら増益路線に戻る見込みであるかを確認しましょう。中には投資フェーズが何年も続くケースもあり、こういう場合はどんなに成長が見込める銘柄であっても何年も株価が低迷した状態で資金が拘束される可能性があるので、手放すのが無難だと思います。

逆に、期間を区切った集中的な投資や一時的なものと考えられる場合は、手放す必要はないと思います。多くの場合、こうした理由があってもこれまで高い伸び率で増収増益を続けてきた企業の成長が鈍化、減益に転じた場合は株価が下がるので、魅力的な銘柄であるならむしろ買い増しのチャンスになります。

売りタイミング②
株価下落リスクが高まった場合

投資対象の企業には問題がなくても、株価下落リスクが高まって、保有を続けることに不安が生じる場合があります。ここでは、僕が業績的には問題がないのに、主力銘柄から外した銘柄の例を2つ、紹介します。

【ケーススタディ】日本リビング保証（7320）
不定期に保有株を売ってくる大株主の恐怖

僕がかつて主力銘柄として保有していた銘柄に、日本リビング保証（7320）という企業がありました。2018年に上場した企業で、事業は社名の通り僕の大好物である保証ビジネス。主な保証対象は住宅設備で、保証料を契約時に一括で受け取って、それを何年かに分けて売上計上する形だったので、近い将来の売上もそこそこ見えているという手堅いビジネスです。

売上も利益も順調に伸びていて、企業そのものには何の問題もありませんでしたが、リスクを感じたのは株主でした。創業時の役員で今はその職を退いている大株主が、ときどき株を売るのです。大株主の動向は「変更報告書」で知ることができます。それによると、その大株主は2018年からたまに株を売り、2021年11月から2023年2月まで、小刻みに保有株の売却を続けてきました。株価を下げないよう、配慮をしているのはわかります。株価が下がったのは、BPO事業以外の本業の業績の伸びが鈍化したように見える決算だったから、ともいえます。でも、内情に詳しい元役員による売却という事実そのものをネガティブに捉える投資家も多くいるで

●大株主が売却していた当時の日本リビング保証の株価チャート

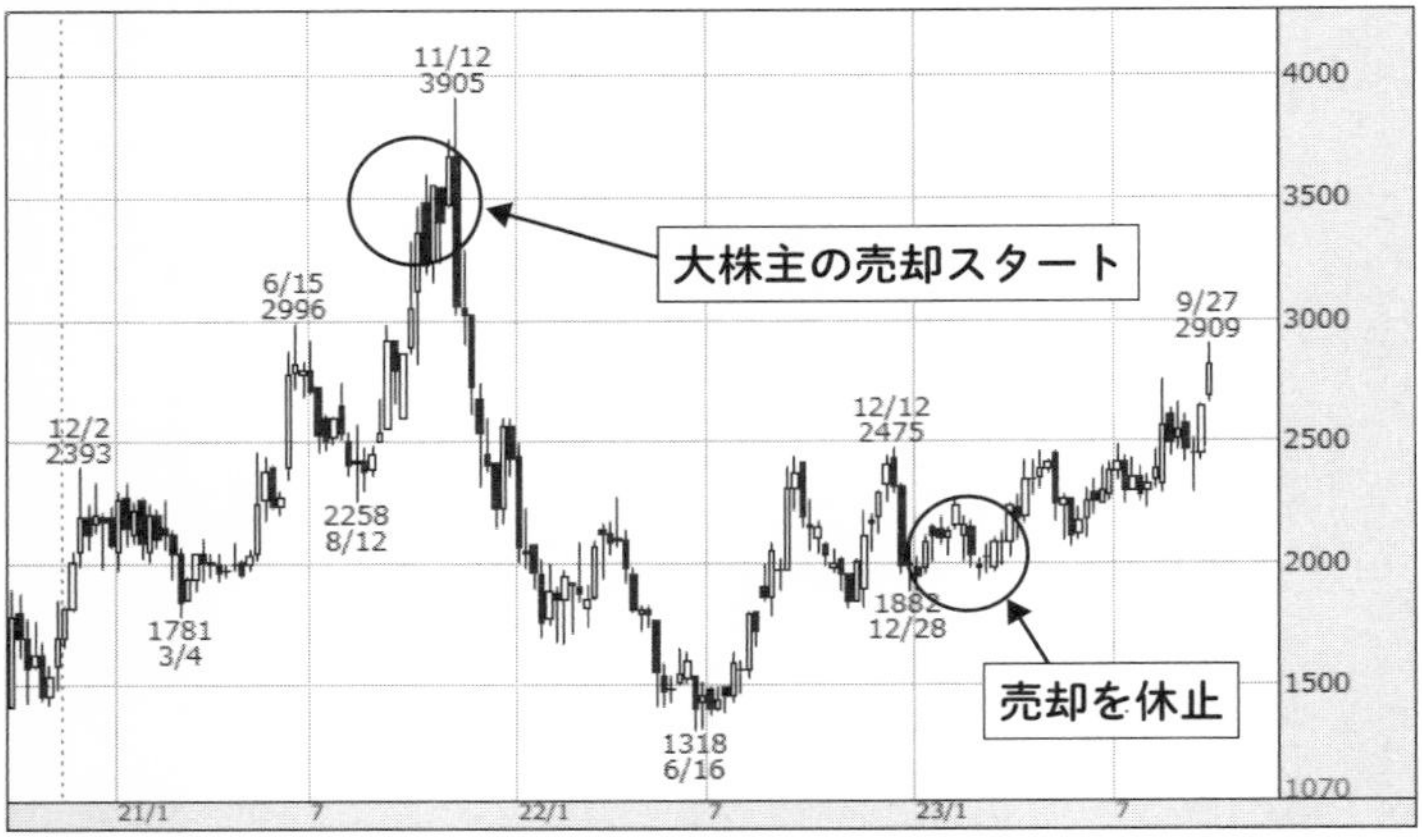

大株主の売却と株価急落が重なる、回復途上で再び売ってきた。
チャート出所：「株探」https://kabutan.jp/

しょう。少なくとも、僕はそうでした。

しかも、それでその株主が保有株を売り切ってしまったのであればいいのですが、いまだにその株主は主要株主として会社四季報にも掲載されているので、今後もいつ売ってくるかわかりません。事業自体は堅実で、株価水準も割安で、まだまだ成長余地はあると思っているのですが、株価は需要と供給の関係で動くので大株主がまとまった株数を再び売ってくるようなことがあれば、また急落しかねません。株主の懐事情などまったく予測がつきませんし、コントロールもできないので、こういう銘柄を主力銘柄の一角に据えておくには不安があり、売却を決めました。

【ケーススタディ】タスキ（2987）株主軽視のファイナンス（資金調達）を行う企業は信用できない

企業は何らかの理由でまとまった資金が必要になると、資金調達を行います。銀行から融資を受けることもあれば、既存の株主や関係を深めていこうとする企業などに新たに出資を募る「増資」を行うこともあります。上場企業であれば公募増資といって、一般の投資家を対象に新たに株式を発行し、資金を調達することもできます。

銀行から融資を受ける場合は返済義務が生じるうえ、金利も発生するので、企業の負担は重くなります。社債を発行して投資家に買ってもらう場合も同様で、満期が来たら全額返還しなければなりません。

これに対し、新たに株式を発行する場合は、返済の義務がないというメリットがあります。しかしその一方で、すでに株を持っている既存株主にとっては重大なデメリットがあります。株式が希薄化することです。

株式の希薄化とは、企業が発行している株式の総数が増加することで、1株あたりの株式の価値が下がることです。モノやお金も同じですが、世の中に少ししかないものとたくさんあるものでは、当然少ないほうに価値があります。企業の価値は変わらないのに、新しく株を発行して株数が増えれば、すでに流通している株式の価値は低下してしまうのです。その結果、株価が下がったり、1株あたりの配当が減少したりするなど、既存の株主が不利益を被ることになります。

僕がかつて保有していた銘柄に、2020年に上場したタスキ(2987)があります。投資用賃貸マンションの企画開発を手がける企業で、ストックビジネスのSaaS型プロダクトも拡大しようとしている点も気に入って投資をしていたのですが、2023年2月に突然、公募増資の実施を発表しました。発行済み株式総数が最大で約20%も増加するという大規模な増資で、既存株主にはダメージの大きいファイナンスです。

案の定、株価は翌営業日で約13%も急落しました。増資は必ずしも株価が下落するとは限らず、規模がそれほど大きくなく、調達した資金の使い道が前向きで企業価値の向上につながりそうな場合は株価が大きく変動しないこともあります。しかし、こ

●増資前後のタスキの株価チャート

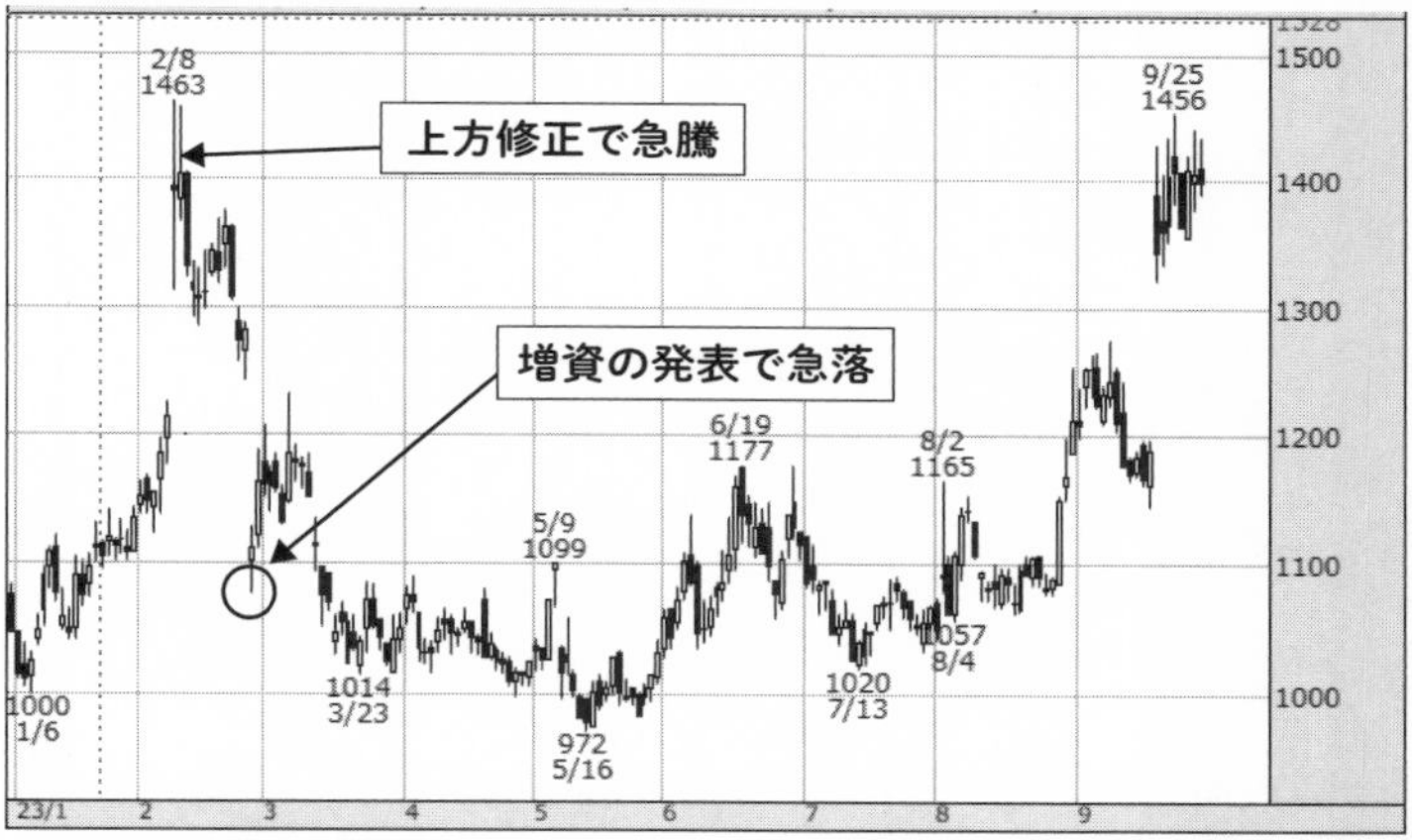

発行済み株式総数が最大で約 20%も増加する大規模な増資で株価は急落。直前の上方修正で買いを集めただけに、大損失を被った株主も多いと考えられる。チャート出所：「株探」 https://kabutan.jp/

のケースではマーケットは厳しい判断を下したようで、その後もしばらく株価は低迷しました。

しかも、この増資の発表の2週間ほど前に会社の業績計画の上方修正を発表して株価が急騰していました。このときに買ってしまった投資家は、大きなダメージを受けたでしょう。

業績は順調に伸びているので、そのまま株価の回復を待つという手もありましたが、こうした既存株主を軽視するようなファイナンスを平気で実行してくる企業の株を、長期保有することはできないと判断して損切りをしました。

保有銘柄のメンテナンスを忘れずに

テンバガーを狙えると信じて投資した銘柄であっても、状況が変わることはあるので、保有銘柄については最低限の監視とメンテナンスは必要です。といっても、いずれもトイレスマホやランチタイムでできるような簡単な作業です。具体的には以下のような作業を実行しています。

●毎日の株価チェック

次の章で解説しますが、僕は保有銘柄で短期売買もしているので、毎日の株価チェックは必須です。短期売買をしない人はそれほど頻繁にチェックする必要はないかもしれませんが、相場の感覚を忘れないためにも確認ぐらいはしておくほうがいいでしょう。

●決算のチェック

年に4回の決算発表のスケジュールを確認して、その日のうちに内容を確認します。あまりに悪い内容であれば即手放すことも考慮しなければならないからです。

決算の内容を簡単にまとめた「決算短信」のほか、「決算説明資料」も開示している企業であれば、こちらのほうがわかりやすいでしょう。グラフなどを使ったカラーのスライドで、決算の背景なども詳しく説明されています。中には、社長が解説する決算説明動画を公開している企業もあり、こうした動画を見ればより理解が深まります。こうした資料を確認し、投資したときに描いた成長ストーリーに変化がないかはチェックしておきましょう。

●適時開示のチェック

上場企業には年4回の決算に加え、投資判断に影響を与えるような重要情報をタイムリーに公表することが義務付けられており、これを適時開示といいます。株価に影響するようなニュースが発表されることがあるので、チェックする必要があります。登録した銘柄に適時開示が出ると通知してくれるアプリを利用するのが便利です。

第5章

トイレスマホの神様降臨！
無限に稼ぐ短期売買の極意

短期売買を並行すれば、無限10倍株が現実になる

僕の投資は、成長力の高い銘柄をＩＰＯ銘柄から選び出して、その魅力が失われないうちは長期保有しテンバガーを目指すという手法です。テンバガー到達までの目安としては5～6年、2～3倍であれば1～2年と考えていますが、良い銘柄であれば10年でも20年でも持ち続けたいと考えています。**少し時間はかかりますが、この投資だけで十分資産は増やせると思いますし、特に経験や元手の少ない人であればこうした投資でゆっくり資産を増やしていくのが重要**だと思っています。

ただ、僕の場合は株式投資が趣味の領域を超えているので、同じ銘柄を持ち続けるという投資だけでは物足りず、もっと売ったり買ったりしたいと感じてしまいます。また、数は少ないとはいえ、毎年複数の銘柄に投資をしていくので、利益確定せずに持ち続けているだけでは投資資金が枯渇し、新しい銘柄に投資ができなくなるという問題も浮上します。

そこで、適度に株トレードを楽しみながら、新しい銘柄に長期投資する資金を稼ぐため、短期での回転売買を並行させています。なにしろ僕が手がけるＩＰＯ銘柄はそ

れ以外の銘柄に比べると日々の値動きが激しく、特に理由もないのに大きく下がったり上がったりするのが日常茶飯事なので、それを利用しない手はありません。

長期で保有している銘柄とは別の信用取引の口座で、買っては売り、買っては売りを繰り返しているのですが、この短期売買は非常にうまくいっていて、長期投資よりも高い収益を稼ぎ出すことも多く、２０２３年は9月末までで１７００万円の確定利益を上げることができています。

長期でテンバガーを狙いながら、同じ銘柄を短期売買することで、テンバガーどころではない無限10倍株を実現させているのです。この短期売買を成功させるポイントは、以下の４つです。

無限10倍株投資のポイント①
売買する銘柄は、長期で保有するＩＰＯ銘柄

短期売買であれば、企業の業績や成長性など、いわゆるファンダメンタルズは関係ないと考える人は多いかもしれません。実際、１日で取引を完結させているデイト

レーダーの多くは、業績や将来性などまったく関係なく、値動きが大きい銘柄や市場参加者の注目度の高い銘柄を取引してわずかな値幅を取ろうとします。

一般的に「短期売買はリスクが高い」といわれますが、それはこうした点がハイリスクにつながっているのではないでしょうか。デイトレーダーのおもちゃにされているような銘柄の中には、上場廃止寸前の銘柄や赤字企業も多くあります。

こうした銘柄は上がっている間はひたすら回転させて稼げても、長期で持つ人などいないのである時突然下落に転じるものです。万一、逃げ遅れることがあれば大暴落に巻き込まれ、大きな損失を被ることになりかねないからです。

そもそもこうした取引は、百戦錬磨のデイトレーダーだからできることです。僕のように、相場をチェックする機会が少ないトイレトレーダーがこんな危ない取引に手を出せば、あっという間に資金をなくしてしまうでしょう。

僕の短期投資では、こうした銘柄には決して手は出しません。**テンバガーか、最低でも株価が2～3倍ぐらいにはなると信じて長期保有ができる銘柄に絞って、短期売買**をします。要するに、**テンバガーを目指して長期保有している銘柄はそのままに、短期売買でも同じ銘柄を回転させる**のです。

ただし、テンバガーを狙って長期保有している銘柄の場合、投資した当時は割安だったものが、株価が上昇して割安ではなくなっているというケースがよくあります。そういう銘柄はまさにお宝なので、その成長力が失われたと判断できるまでは長期保有を続けますが、短期投資では扱わないことにしています。

短期投資をするのは、現物で保有している銘柄で、なおかつＰＥＲ40以下の割安な銘柄に限定する必要があります。要するに、長期投資として新規で投資してもよい水準にある銘柄ということになります。

無限10倍株投資のポイント②
空売りは絶対にしない

長期投資は現物株で保有しますが、リスクを冒せる人や資金効率を重視する人なら短期取引の部分は信用取引を使ってもＯＫです。僕は比較的リスクを冒せるタイプであることと、少ない資金で効率よく儲けたいという思いがあって、短期取引は信用取引を利用しています。

信用取引は値上がり益を狙うのはもちろん、値下がりを予想する銘柄には「空売り」という手法を使って下落局面で儲けることが可能です。しかし僕は、決して空売りはしません。

僕の短期取引の前提は、「短期では上にも下にも大きく変動するけれど、中長期的には株価が成長する銘柄」だけを手がけています。それは、上方向に大きな伸びしろがあり、下方向への動きは一時的な行き過ぎですぐに本来の水準に戻ることを前提とした押し目買いのチャンスであると考えているからです。

ただし、一般的に信用取引は非常にリスクが高いと言われていますし、僕もその通りだと思っているので万人に勧められるとは決して思ってはいません。リスクを抑えることを重視する人や、経験の少ない人は必ず長期投資も短期売買も現物株で行いましょう。

無限10倍株投資のポイント③
ナンピンはOKだが、深追いはしない

安くなったところで買ったつもりが、さらに下がるということも、当然あります。

こういうとき、僕はナンピン買いをすることがあります。

ナンピンとは、保有株の価格が下落した際に買い増しをして購入時の平均単価を下げることです。投資の格言で「下手なナンピン素寒貧」といわれるように、上がると思って買ったのに下がったから悔しくてまた買うという取引を繰り返していると、多くの場合はそのままズルズルと下落して損失が拡大するので、個人投資家が陥りやすい典型的な失敗パターンだとされています。

一般的には投資の御法度とされているナンピンですが、僕はあえて戦略的に活用しています。あらかじめ最大何株まで買うと決めて、ナンピン買いを想定したうえで少しずつ買い始めるのです。

ただし、予定した以上のナンピン買いはしません。ナンピンはそれ自体が悪手なのではなく、戦略的に行う分には問題ないと考えているからです。投資家を破滅に追い込むのは、無計画なナンピンであり、これは御法度です。

無限10倍株投資のポイント④
利益確定は欲張らない

同様に、利益確定を欲張ることもしません。厳選した銘柄を現物株で保有している分にはリスクは少ないので、成長を信じられる限りは持ち続けて利益を伸ばしますが、信用取引を活用した短期売買では頭を切り替える必要があります。

長く持てば持つほど下落のリスクも高まるので、利はあまり伸ばそうとはせず、早めに利益確定することが重要です。僕の場合は、１００円ぐらい上昇したら、売ってしまいます。１００円の上昇でもそれなりの利益が出るように信用買いにして１００0株単位で取引していますが、現物で投資する人も1万円儲かれば十分なお小遣いだと考えて、早めに利食いするようにしてください。それを10回転すれば10万円になるのですから、欲を出し過ぎるのは厳禁です。値動きの大きいＩＰＯ銘柄で、なおかつ成長力の高い銘柄であれば、回転させるチャンスはいくらでもあります。

厳選銘柄でトライする無限10倍株の買いタイミング

僕の短期売買は、長期的な業績成長が見込まれ、なおかつ割安な銘柄を狙い、安くなったところで買って少し高くなったら利益確定するというシンプルな方法です。この「安くなったところ」というのは、基本的にはその企業の成長性や魅力は変わらないのに、別の理由で株価が下がっているタイミングです。大きく分けて以下の３つのパターンがあります。

買いタイミング①
市場が全面安になっているとき

株式市場全体が何らかの理由で大きく値下がりしているときは、良い銘柄も悪い銘柄も一斉に下落するので、絶好の買いチャンスです。４章で紹介した買いタイミングと同様に考えてください。

２０２３年３月に米国の地銀シリコンバレーバンク（ＳＶＢ）が経営破綻したこと

で世界的に株安になったシリコンバレーショックでは、ジャパンワランティサポートで短期投資にトライしました。

ＳＶＢの破綻が伝えられる前の３月10日の終値は３１６０円のところ、翌営業日となる３月13日はこのニュースを受けて３０５５円で寄り付きました。実際にはショックというほどの下落ではありませんが、それでもこの銘柄とは関係ない理由で下げているのはチャンスなので、トイレでサクッと買い注文を出しておきました。

そして、翌々日の15日には１５０円ほどの値幅が取れたので、利益確定しました。チャートで見れば一目瞭然ですが、そんなに小さな利幅で利益確定せずとも、もう２日粘ればより大きな利益が取れたわけですが、それは結果論です。まがりなりにも金融ショック時の信用取引なので、保有期間を延ばすのはリスクが高いことは肝に銘じなくてはなりません。

このときは、ＦＰパートナーやオープンワーク（５１３９）でも同様の短期取引をして、それ以前の下落時に保有していたポジションも含めて、２日後のリバウンドで利益確定しました。

●シリコンバレーショック時のジャパンワランティサポートの短期投資例

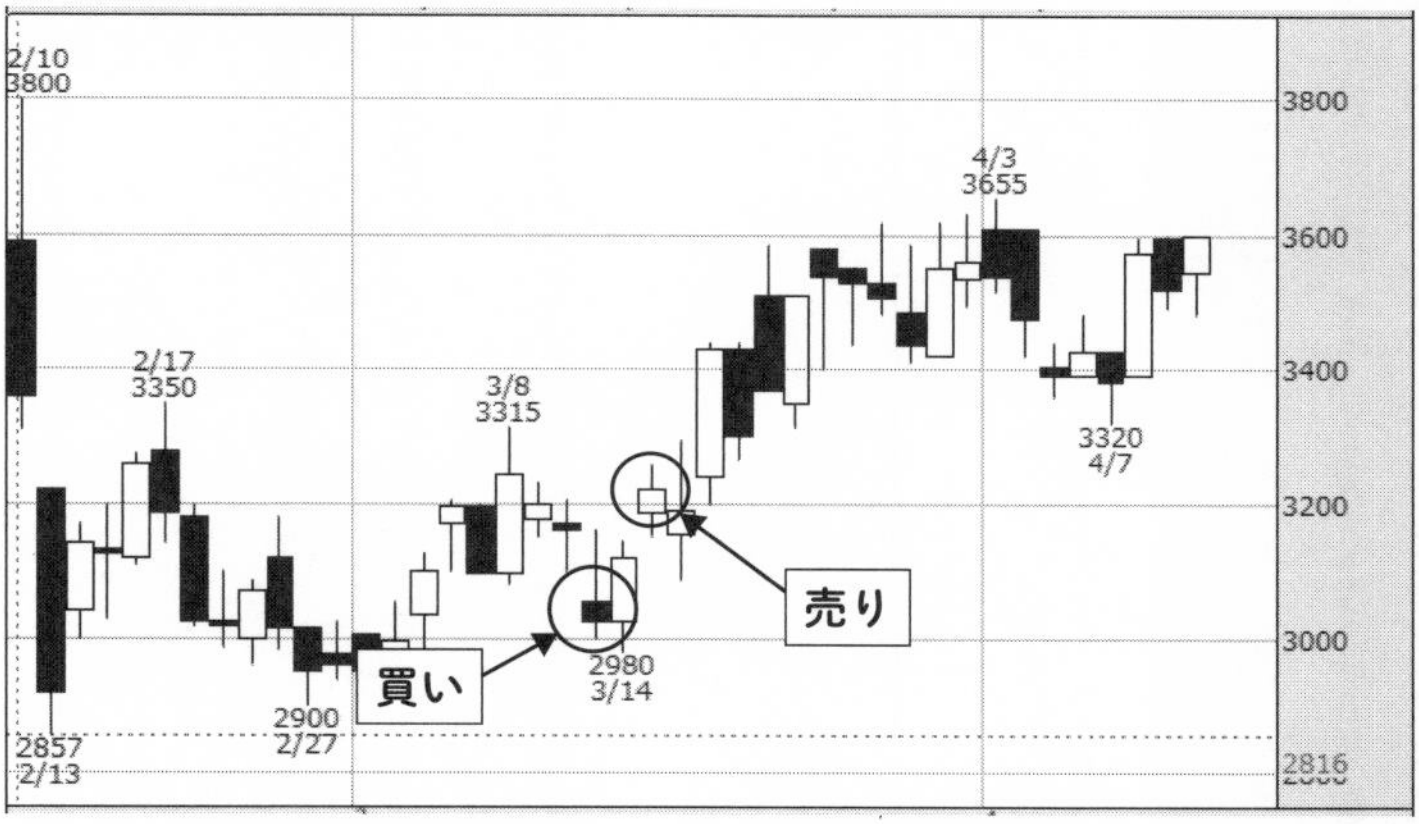

全面安の局面では特に欲張らないことが重要。大底での買いや天井での売りを狙わず、ある程度の利益が出たら撤退するのがリスクを低く抑えるコツ。
チャート出所：「株探」https://kabutan.jp/

●全面安のときは欲張らずに小さな利益を重ねる

信返売(無期限) 東証	7386 ジャパンワランティサポート / 東証							特定/申告
23/03/13	買建	3,065			613,000	87	332	
23/03/15	200	3,205			641,000	88		+27,668
23/03/17	--	--	141	3	--	16	--	
信返売(無期限) 東証	7386 ジャパンワランティサポート / 東証							特定/申告
23/03/13	買建	3,075			307,500	44	166	
23/03/15	100	3,205			320,500	44		+12,834
23/03/17	--	--	70	3	--	8	--	
信返売(無期限) 東証	7386 ジャパンワランティサポート / 東証							特定/申告
23/03/13	買建	3,060			1,224,000	178	675	
23/03/15	400	3,205			1,282,000	176		+57,325
23/03/17	--	--	281	3	--	40	--	
信返売(無期限) 東証	7386 ジャパンワランティサポート / 東証							特定/申告
23/03/13	買建	3,050			305,000	43	165	
23/03/15	100	3,205			320,500	44		+15,335
23/03/17	--	--	70	3	--	8	--	
信返売(無期限) 東証	7386 ジャパンワランティサポート / 東証							特定/申告
23/03/13	買建	3,100			620,000	88	334	
23/03/15	200	3,205			641,000	88		+20,666
23/03/17	--	--	142	3	--	16	--	
信返売(無期限) 東証	7388 ＦＰパートナー / 東証							特定/申告
23/03/13	買建	4,810			481,000	44	182	
23/03/15	100	5,030			503,000	22		+21,818
23/03/17	--	--	110	3	--	6	--	
信返売(無期限) 東証	7388 ＦＰパートナー / 東証							特定/申告
23/03/13	買建	4,795			2,877,000	264	1,102	
23/03/15	600	5,030			3,018,000	132		+139,898
23/03/17	--	--	662	3	--	44	--	
信返売(無期限) 東証	7388 ＦＰパートナー / 東証							特定/申告
23/03/14	買建	4,760			476,000	43	144	
23/03/15	100	5,030			503,000	22		+26,856
23/03/17	--	--	73	2	--	6	--	
信返売(無期限) 東証	7388 ＦＰパートナー / 東証							特定/申告
23/03/14	買建	4,765			953,000	87	289	
23/03/15	200	5,030			1,006,000	44		+52,711
23/03/17	--	--	146	2	--	12	--	
信返売(無期限) 東証	7388 ＦＰパートナー / 東証							特定/申告
23/03/14	買建	4,815			481,500	44	145	
23/03/15	100	5,030			503,000	22		+21,355
23/03/17	--	--	73	2	--	6	--	
信返売(無期限) 東証	7388 ＦＰパートナー / 東証							特定/申告
23/03/14	買建	4,795			479,500	44	145	
23/03/15	100	5,030			503,000	22		+23,355
23/03/17	--	--	73	2	--	6	--	

信返売(無期限) 東証	7388 ＦＰパートナー / 東証							特定/申告
23/03/13	買建	4,840			968,000	88	366	
23/03/15	200	5,030			1,006,000	44		+37,634
23/03/17	--	--	222	3	--	12	--	
信返売(無期限) 東証	7388 ＦＰパートナー / 東証							特定/申告
23/03/14	買建	4,785			957,000	92	298	
23/03/15	200	5,030			1,006,000	44		+48,702
23/03/17	--	--	146	2	--	16	--	
信返売(無期限) 東証	7388 ＦＰパートナー / 東証							特定/申告
23/03/14	買建	4,770			477,000	43	144	
23/03/15	100	5,030			503,000	22		+25,856
23/03/17	--	--	73	2	--	6	--	
信返売(無期限) 東証	7388 ＦＰパートナー / 東証							特定/申告
23/03/14	買建	4,775			955,000	87	289	
23/03/15	200	5,030			1,006,000	44		+50,711
23/03/17	--	--	146	2	--	12	--	
信返売(無期限) 東証	7388 ＦＰパートナー / 東証							特定/申告
23/03/13	買建	4,825			482,500	44	183	
23/03/15	100	5,030			503,000	22		+20,317
23/03/17	--	--	111	3	--	6	--	
信返売(無期限) 東証	5139 オープンワーク / 東証							特定/申告
23/03/16	買建	5,320			5,320,000	440	2,192	
23/03/17	1,000	5,570			5,570,000	440		+247,808
23/03/22	--	--	1,224	3	--	88	--	
信返売(無期限) 東証	7386 ジャパンワランティサポート / 東証							特定/申告
23/02/22	買建	3,020			906,000	134	1,889	
23/03/17	300	3,350			1,005,000	66		+97,111
23/03/22	--	--	1,668	24	--	21	--	
信返売(無期限) 東証	7386 ジャパンワランティサポート / 東証							特定/申告
23/02/22	買建	3,010			903,000	131	1,878	
23/03/17	300	3,350			1,005,000	66		+100,122
23/03/22	--	--	1,662	24	--	19	--	
信返売(無期限) 東証	7386 ジャパンワランティサポート / 東証							特定/申告
23/02/13	買建	3,065			5,517,000	267	16,213	
23/03/17	1,800	3,380			6,084,000	440		+550,787
23/03/22	198	--	15,235	36	--	73	--	
信返売(無期限) 東証	7386 ジャパンワランティサポート / 東証							特定/申告
23/02/22	買建	3,025			302,500	44	628	
23/03/17	100	3,350			335,000	22		+31,872
23/03/22	--	--	556	24	--	6	--	
信返売(無期限) 東証	7386 ジャパンワランティサポート / 東証							特定/申告
23/02/28	買建	2,980			1,192,000	177	2,216	
23/03/17	400	3,350			1,340,000	88		+145,784
23/03/22	--	--	1,920	21	--	31	--	
信返売(無期限) 東証	7386 ジャパンワランティサポート / 東証							特定/申告
23/03/10	買建	3,150			1,575,000	222	1,577	
23/03/17	500	3,355			1,677,500	220		+100,923
23/03/22	--	--	1,087	9	--	48	--	
信返売(無期限) 東証	7386 ジャパンワランティサポート / 東証							特定/申告
23/03/10	買建	3,160			316,000	44	314	
23/03/17	100	3,355			335,500	44		+19,186
23/03/22	--	--	218	9	--	8	--	

最初は買えなくても大丈夫

こうした取引は言葉にすれば簡単ですが、実際に実行できる人はそう多くはありません。普段はこうした暴落を待ちわびていた投資家であっても、いざ全面安の渦中にあると、明日はもっと下がるのではないか、今回は一時的な下落では終わらないのではないか、という不安と恐怖でいっぱいになり、買うことができないのです。

こればかりはどうしようもできないところがあるのですが、**すでに買うと決めている銘柄がそのショックの要因に影響を受けるとは考えにくい状況があるのであれば、冷静になって最低単元だけでも拾いにいってみる**ことです。

たとえば、ロシアのウクライナ侵攻であれば、ロシアでビジネスを展開している企業や、燃料高の影響を強く受ける業種であれば様子見すべきでしょうが、僕の主力銘柄である日本国内で家計や資産運用のアドバイスをする企業や、保証ビジネスを展開する企業などには大きな影響があるとは考えにくい、と判断しました。

また、大底で買おうとか、天井で売ろうという欲を出さないことも重要だと思います。こうした局面で欲張るとリスクが格段に高まるからです。僕の取引を見ても、決して最安値では買えていないし、売りのタイミングも明らかに早すぎるのですが、それでいいのです。「頭と尻尾はくれてやれ」という相場の格言にある通り、こうした局面ほど**安全性を重視し、そこそこの利益が取れたらそれでよしとする姿勢が重要**です。

また、普段から投資資金をフルで使ってしまっていると、こういうチャンスに買い向かえないばかりか、身動きが取れなくなります。特に信用取引でこれをやってしまうと、含み損が急激に膨らんでチャンスどころか致命的なピンチに陥ります。普段からある程度の余力を持って、フルポジション状態にしないよう注意してください。

また、投資を始めたばかりの人の場合は、こうした局面で買えなかったとしてもがっかりする必要はありません。後から何もなかったように回復した株式市場を見れば、「あのとき買っておけばよかった」と悔しい思いをするもので、何度かこうした経験を重ねればいつか買えるようになるときが来るものです。

買いタイミング②
好決算発表後の値下がりを狙う

これは、良い決算を発表して株価が下がったところを狙う方法です。

良い決算なら株価は上がるのではないか？　と考える人が多いでしょうが、そうとは限りません。株式市場は短期的には決算の内容そのものよりも、サプライズに反応します。好業績が続いている企業の場合、市場はすでに公表されている業績計画を上回る内容を期待することがあり、計画通りの決算だとそれだけで失望を呼んで売られることもあるのです。

たとえば、「通期計画の上方修正があるのではないか」という期待が共通認識になっているような場合に、上方修正がないとそれだけで大きく下落することもあります。逆に悪い決算でも、それが予想していたほどには悪くなかったとか、これ以上悪くはならないだろうと思える内容であれば、大きく上昇することもあります。

最近では、ＧＥＮＤＡが典型的な値動きを示しています。同社は２０２３年７月に上場してから最初の決算となる２０２４年1月期第２四半期（中間）決算を９月に公表しました。売上高は年間計画の51％、営業利益は64％の進捗《しんちょく》と、順調な決算だったわけですが、その翌営業日に同社の株価は急落、ストップ安まで売られました。

というのも、その前の決算である第１四半期決算の進捗が非常によかったために、

●GENDAのチャート

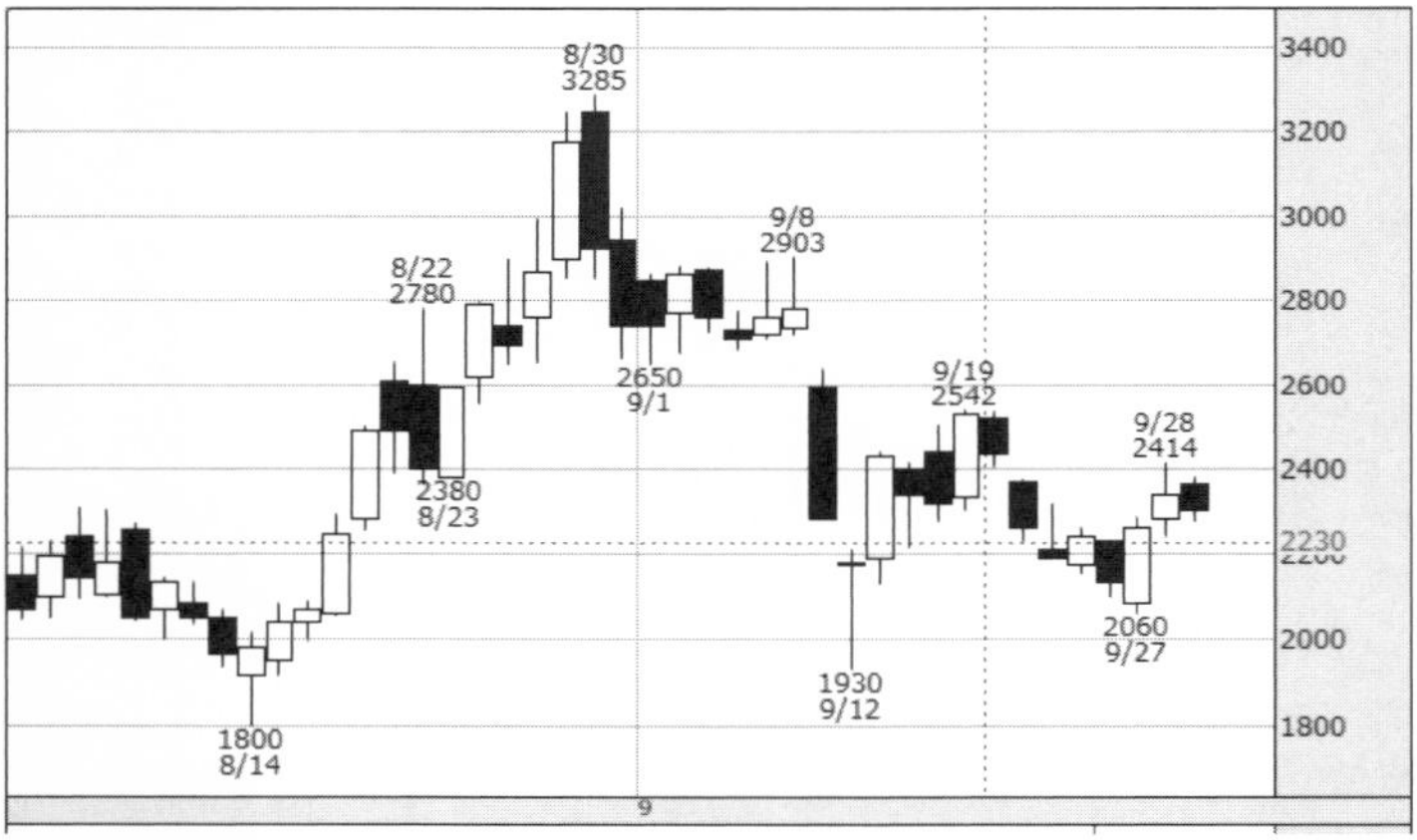

チャート出所：「株探」https://kabutan.jp/

マーケットは年間の業績計画そのものを引き上げる上方修正が発表されると期待していたと考えられます。実際、決算発表の3週間前頃から同社の株価はグングン上昇し、高値圏でもみ合っており、市場の期待の高さがうかがえました。

もしこれが、明らかに業績が悪化していることが読み取れる決算であれば、投資対象から外すことを考えるべきですが、会社が事前に公表している計画通りに進捗しているのですから、大きな問題はありません。市場の期待が先走って上がっていた株価が元に戻っただけなので、僕はこういう局面で短期売買の買いを入れたり、明らかに下げすぎだと思えば長期保有を見越して買い増したりすることもあります。

このケースでも、決算発表前は２９０３円をつけていた株価は、順当な決算を発表した翌営業日とその次の営業日で１０００円近い下げ幅を記録しました。まさに暴落といっていい水準でしたが、４日後には２５４２円まで株価を戻しており、１００円程度の値幅を取ることは十分可能でした。

ただし、この場合、買いタイミングを絞り切れないというデメリットがあります。このケースでも決算発表の翌営業日の早い段階で買いを入れていると、数日のリバウンドでは利益を取れないことになります。

順当な決算で急落しても、次の日からは何もなかったかのように回復する銘柄もあれば、次の決算が意識される時期までダラダラ下げ続ける場合もあります。実際、こうした局面で投資しても、３か月近く利益が出なかったり、含み損を抱え続けたりすることはよくあります。こうしたことを避けるためには、**大きく下げてもその日にすぐ買うのではなく数日の値動きを見守る、反転上昇を始めてから投資するという方法も有効**だと思います。

僕の場合は、最高で何株まで買うとあらかじめ決めておいて、初日から全力買いはせず、半分以下にしています。今回のケースでも、決算の翌営業日の急落で投資しても、翌日に買い増ししていれば助かることになります。ただし、ナンピン買いはその場しのぎではなく、必ず計画的に行うことが重要です。ダラダラとナンピンすることだけは避けてください。

このケースに限りませんが、増収増益を予定している会社計画に沿った順当な決算なのに、市場が期待しすぎたために株価が急落、しかもストップ安レベルに下げているようなケースは、僕は絶好のチャンスだととらえています。こうした企業は次の決算もきっちり仕上げてくることが多く、いずれ株価的にも再評価されるものです。

ちなみに、こうした業績の良い成長銘柄は、たとえ決算が期待に届いていないという理由で下落しても、次の決算が近づくと再び株価が上がっていく傾向にあります。決算の4～2週間前ぐらいになると、次の決算を意識した上昇が始まることが多いように感じます。こうした値動きのクセを利用して、決算直後で下がったところで買って、次の決算に向けて上がっていくところで売る、という売買を繰り返すことも可能です。

ただし、「良い決算を予想して決算前に買っておく」というのはリスクが高くなります。上にも下にも大きく動くので、うまくいけば大きな値幅が取れますが、ハズした場合のダメージもかなり大きくなってしまうことは覚えておきましょう。

買いタイミング③ 値動きのクセを見つけたとき

決算がなくても株価やPERはさまざまな理由で、あるいは特に理由はなくても変動するので、イレギュラーな下落があれば拾っていくことでチャンスを増やすことができます。

特に僕のように同じ銘柄で何度もしつこく短期売買していると、その銘柄の値動きのクセがわかるようになってくることがあります。たとえば、アズームの場合、PERが40倍を切ったときに買っておいて、40倍に達したら売る、を繰り返すことで何度も利益を上げられた時期がありました。同じ銘柄の値動きを追っていることで、こう

●銘柄のクセを理解すればチャンスが広がる

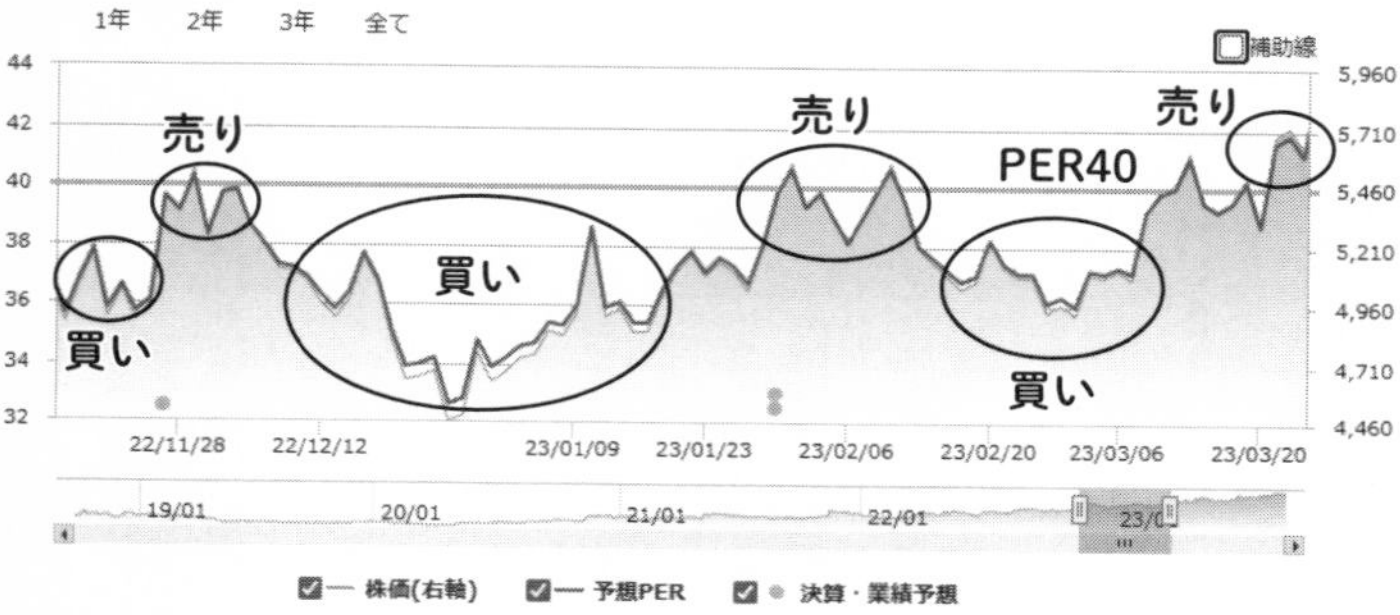

半年ほどではあったが、PERが40倍以下の水準で買って40倍に達したら売る、という取引を何度も繰り返して稼げた時期があった。同じ銘柄をずっと監視して取引していると、こうした値動きのクセに気づくことができる。
画像はマネックス証券「銘柄カウンター」より引用

した値動きのクセに気づきやすい点は、この投資法のメリットのひとつだと思っています。決算の前後で毎回、同じような値動きをする銘柄もあります。

ただ、アズームの場合、こうしたおいしい局面は長くは続かず、半年程度で終わってしまいました。その後の株価がグングン上昇し、40倍の水準をはるかに超え、帰ってこなくなったので、その時点でアズームは現物の長期保有だけで短期売買の対象から外しました。

小さな利益を着実に積み上げるための売り戦略

買いのタイミングはパターン化しているので比較的わかりやすいのですが、売りはそう簡単にはいきません。僕の場合は**とにかく欲張らず、100円ぐらいの値幅が出たら利益確定するようにしています**が、その日のうちに売れることもあれば次の決算までかかることもあります。長いと3か月ほど含み損を抱えることもあります。

それでも、**損切りの目安というのは特に設けていません。**5年ほどこの投資を継続していますが、**含み損になってしまっても次の決算発表で救われるケースが大半**だからです。割安な成長銘柄に絞って投資をしていれば一時的に株価が落ち込んでも、再評価されることが多いと実感しています。

ただ、税金対策として半年に1度、機械的に含み損が出ている銘柄を売却し、すでに出ている利益と相殺して税の還付を受けているので、このときに整理することもあります。これが実質的な損切りになっており、含み損が大きくなりすぎるのを防いでいる面もあると思います。

一般的な投資の鉄則に従えば、リスクの高い信用取引で損切りをせずに3か月も引っ張るのは典型的な負けパターンであり、僕がたまたまうまくいっているからといって人に勧められるような方法ではないと思っています。リスクを低く抑えるのであれば、やはり事前に損切りのポイントを決めて、損失を一定範囲内にとどめる戦略をとるほうが安全でしょう。

本命は長期投資、短期売買に資金をつぎ込みすぎない

王道の投資方法として、「コア・サテライト戦略」という考え方があります。安定

的な成長を見込める対象をコアとして資産の大部分を投資し、リスクの高い対象にはサテライトとして少額の資金を投資するという考え方です。一般的には、コア投資がインデックスファンドなどを利用した世界分散投資で、サテライトは個別株やＦＸ、商品、暗号資産などと説明されることが多いようです。

僕の場合、たまたま短期投資の利益が大きくなってはいますが、基本的には厳選したＩＰＯ銘柄を現物で長期保有する投資がコアであり、短期取引はサテライトです。あまり多額の資金をつぎ込みすぎないよう気をつけながら、楽しんでいます。皆さんも、**短期投資は投資資金のごく一部に抑えたり、現物株に絞ったりして、リスクを冒しすぎないようにして行ってください。**

どちらも現物で手がける場合は、証券口座を分けたほうがいいかもしれません。同じ証券会社の口座で取引すると、長期で保有する株と短期で回転させる株が一緒になってしまい、取得単価も平均されて区別できなくなってしまうからです。異なる証券会社の口座を使うか、同じ証券会社の口座を使う場合は長期保有分をＮＩＳＡ口座にして、短期売買分を特定口座というふうに分けておけば、混ざってしまうことを防げます。

ここからは、僕が本書執筆時点（2023年9月）で、短期での回転売買をしている銘柄を紹介します。

●FPパートナー（7388）

すでに本書で何度も登場している企業です。長期投資での現物株はかなり安く投資できており、株価は●倍になっています。いつも良い決算を出してくるので、安心感のある銘柄です。23年夏以降の値動きが冴えず割安になっていますが、長期的にはまだまだ成長の余地があると考えています。

●ジャパンワランティサポート（7386）

この銘柄も本書ですでに紹介している保証会社で、何度となく回転売買をしています。以前は日本リビング保証（7320）も手がけていましたが、長期保有分を売却してからは短期売買も同業のこちらに乗り換えました。

●グッピーズ（5127）

本書の冒頭にも登場している、医療・介護・福祉業界に特化した採用支援を展開する企業です。冒頭でも述べた通り、僕とは相性が良いようでこの銘柄で損を出したことがありません。

既存サービスに加えて、法人向けや自治体向けサービスを強化しており、まだ業績の伸びが期待できる銘柄だと考えています。ただ、業績計画は保守的なうえ、上方修正を出すのも遅い企業なので、期待ハズレのネガティブサプライズを呼びやすく、決算時は注意したほうがいいと思います。この銘柄に関しては、決算またぎは特にハイリスクです。

●GENDA（9166）

こちらも本書で何度か登場している屋内アミューズメント施設を手がける企業です。駅前に立地する都市型店舗はもちろん、商業施設内の店舗や郊外の幹線道路沿いに立地するロードサイド型店舗など幅広いタイプの施設に対応しています。国内だけでなく海外にも展開しており、台湾や米国にも店舗を持っています。

オンラインクレーンゲームも手がけており、こちらも有望な事業だと思っています。M&Aを繰り返して規模を拡大しており、セガ エンタテインメントを完全子会社化しています。

こちらは多店舗展開型のビジネスモデルも気に入っている点のひとつですが、それに加えて経営陣が良いことも評価しています。会長は屋内アミューズメント業界首位のイオンファンタジー（4343）の元社長で、彼の在任中に同社はテンバガーを達成しています。社長は女性誌『VERY』のモデルも務めていることで注目された女性社長で、東大を卒業後ゴールドマン・サックス証券で活躍したやり手です。役員にもスクウェア・エニックスの元社長など、優秀な顔ぶれが名を連ねており、うまい経営をしてくれると期待しています。

ただし、2023年に上場したばかりで、まだ値動きが荒い点には注意が必要です。上場時から時価総額が大きいのでテンバガーは難しいとは思いますが、数倍は狙えると思っています。

第6章

テンバガー投資家を目指す5の心得【新NISA即対応編】

この章では、僕が20年の投資経験で得た教訓や株式投資をするうえで大切にしていること、この本を手に取ってくれた読者の皆さんに特に伝えたいことをまとめました。

心得①
SNSの情報や他者の言うことは鵜呑みにしない

SNSは投資をするうえでも効率的に情報収集できるツールなので、僕も便利に活用しています。参考になる手法や相場観を投稿する人も多いですし、自分だけでは見つけられないような銘柄や情報に出会えることもあります。特にX（旧ツイッター）はリアルタイム性も強く、うまく使いこなせばとても役立つツールだと思います。

ただ、**SNSの情報は玉石混淆で、信頼できないどころか明らかな嘘や違法スレスレ、詐欺まがいの情報や広告も横行しています。**膨大な情報の中から信頼できる情報だけをピックアップするにはある程度の投資の経験と知識が必要なので、**初心者が安易にSNSを情報源とするのは危険**です。

恥ずかしい話ではありますが、僕自身がXで知った銘柄にかたっぱしから投資してみた時期があり、見事にほぼすべての銘柄で損失を出して終わりました。やはり、自分の頭で考えて良いと思った銘柄のほうがよほどいい成績を残せるし、失敗した場合でも納得感があると痛感しています。

信頼できないアカウントが発信する内容を鵜呑みにしてはいけないのは当然としても、中にはオンラインサロンやＬＩＮＥなどの限定グループにフォロワーを誘導して課金させようとする個人投資家もいます。本当に投資で儲けている人なら、そんなことで小金を集める必要はないはずです。そもそも、お金を集めて推奨銘柄を教えるというのは、「投資助言・代理業登録」を受ける必要があり、そうでなければ違法です。

僕自身も自分の手法や購入した銘柄をXで公開してはいますが、それをそのままマネするようなことは絶対してほしくないと思っています。ＳＮＳはあくまで情報収集ツールのひとつであり、投資を決定するツールであってはならないのです。

心得②
1年で10倍を目指さない、リスクを冒しすぎない

身も蓋《ふた》もないことを言ってしまうと、投資は元手となる資金が大きいほど効率よく増やすことができて有利です。資産家であればわざわざテンバガーを目指さなくても、年数%の利益を取るだけでお金はどんどん増えていくので高いリスクを冒す必要はなく、運用の難易度も低いです。

しかし、わずかな資金を1年で10倍にしたいと思えば、高いリスクを冒さなければなりません。リスクを冒しすぎれば、当然資金を失う可能性も高くなります。失敗して資金を失えば、元手資金がなくなるので再チャレンジもできなくなります。

リスクを低く抑えるために重要なことは、目標を高く置きすぎないことと、元手となる資金をある程度、用意することです。無理のない株式投資をするなら**最低でも100万円の元手をつくったうえで、目指す利益も年間10〜30%程度に抑える**ことで、リスクを冒しすぎない投資が実現します。テンバガーを目指す場合も、5年程度は時間をかける覚悟が必要です。

元手がないのであれば、まずは投資をするより資金を貯めることが先決です。株で10万円を100万円にするよりも、貯蓄で100万円を貯めてから株で1000万円を目指すほうがはるかに難易度は低いのです。

また、**初心者は信用取引もしないほうがいい**でしょう。僕の投資法を参考にする場合も、十分な経験を積むまでは必ず現物株で行ってほしいと思います。レバレッジをかけて元手資金を上回る額の取引ができる信用取引は、少しの値動きでも損失がどんどん膨らんでいってしまい、資金以上の損失を被ることもあります。値動きに慣れていないうちに手を出すのは厳禁で、そんなことをすれば株式市場から一発退場させられることになります。

実際に株で破産する人の多くは、信用取引が引き金になっており、大きく分けて以下の2つのパターンがあります。

ひとつは、現物株を担保に信用二階建て、信用三階建てで取引するパターンです。たとえば100万円しか持っていない人がその100万円で現物株を買い、それを担保にして同じ銘柄を信用取引で200万円分買うことです。もし、株価が急激に下がると、追証といって追加の資金を求められます。それが用意できなければそのポジションは大きな損失が出た状態で強制決済されるため、口座の残高がゼロになるだけでは済まず、マイナスになってしまうこともあります。

そしてもうひとつが、上昇相場での空売り（信用売り）です。現物株は手元の資金で株を買うか、買った株を売るしかできませんが、信用取引では買っていない株を借りてきて売ることができ、その株が下落すればするほど利益になります。株価はゼロより下がることはないので信用買いの損失には上限がありますが、上昇には限界がないため空売りの損失は理論上無限大になってしまいます。

長期投資と短期売買を組み合わせる僕の投資法は、現物株投資だけでも可能です。少なくとも、現物株投資だけやっている分には株で破産するようなことはないので、必要以上に欲を出してはいけません。僕自身、信用取引を始めたのは投資歴が10年を超えてからで、それでもはじめのうちは損失を出しました。コンスタントに利益を出せるようになったのは、ここ5年ぐらいです。

信用取引を手がける場合は慎重に、必ず余裕資金の範囲で、株式投資にもある程度慣れてからにしてください。

心得③
お宝のＩＰＯ配分を狙え

僕の基本の投資はＩＰＯのセカンダリ投資ですが、ＩＰＯの配分も当たればラッキーぐらいの感覚で申し込みを続けています。セカンダリ投資のように厳しい条件も設ける必要はなく、幅広い銘柄をカバーします。

これまでに、ＧＥＮＤＡ、プロジェクトカンパニー、ＪＴＯＷＥＲ、メドレー、アンビスホールディングス、ＩＮＣＬＵＳＩＶＥ、テクノフレックス、スペースマーケット、日本ナレッジ、ハイブリッドテクノロジーズなどの銘柄で配分を受けてきました。中には公募割れする銘柄もありますが、トータルではやはり儲かると実感しています。

ネット証券で最もＩＰＯに当たりやすいのはＳＢＩ証券です。上場には複数の証券会社がかかわりますが、中心的役割を果たす主幹事の証券会社が最も多くの株数を引き受けているので、主幹事証券で応募するのが当選への近道です。ＳＢＩ証券は主幹事を担うことも多く、配分できる株数が圧倒的に多いです。

あくまでこれまでの経験からの印象ではありますが、SBI証券でのIPO申し込みでは資金力が当落に大きく影響しているように感じます。希望の株数の欄に100株などと書いているうちは当選の芽はほぼなくて、1000株、1万株と、株数を多く入力するほど当選しやすくなる気がします。

このため、SBI証券が主幹事の案件で、資金をめいっぱい使って申し込むと、当選確率が高いという気がしています。ちなみに、たくさんの株数を書いて当選しても、実際に配分されるのは100株かせいぜい数百株であることがほとんどなので、実際にめいっぱい資金をつぎ込む必要はありません。

ただ、資金力がないとIPOにありつけないのかといえば、そんなことはありません。意外かもしれませんが、対面証券は少ない資金でも手に入れやすい印象があります。僕は野村證券や大和証券などの対面証券にも一通り口座を開いていますが、野村證券は口座に1円も入れていないのに「IPOを配分できますよ」という電話がかかってくることがあるからです。ただし、当然ではありますが、僕は上客ではないので人気の高いIPOが回ってくることはなく、初値の値上がりがあまり見込めない銘柄が中心です。

ＩＰＯが当たりやすい穴場証券会社

対面証券というと、昔からある漢字の名前の証券会社ばかりをイメージしがちですが、僕がひそかに穴場だと思っているのは、ＳＢＩ証券の対面口座です。ネット証券なのに対面とは、と不思議に思う人もいるでしょうが、ＳＢＩ証券には「ＩＦＡコース」といって、ＩＦＡの担当者のアドバイスを受けられる口座がネットとは別に存在します。

ＩＦＡとは独立系ファイナンシャルアドバイザーのことで、こうした専門家に投資や家計の相談に乗ってもらっている人が、ＩＦＡを通して開設する証券口座をＳＢＩ証券ではＩＦＡコースといって、通常のインターネットコースとは別のしくみになっているわけです。僕はたまたま、取引のある地銀の担当者に口座開設を勧められたので、ＩＰＯを融通してもらえるかもしれないという下心たっぷりで、ネットから口座を変更しました。

ＳＢＩ証券のＩＦＡコースではネットでＩＰＯの募集はしないので電話で申し込むのですが、これで配分してもらえることが結構あります。そのうえ、申し込んでもいないのに、「いかがですか」という電話がかかってくることもあります。

こうした口座では、ＩＰＯ以外の金融商品を買わなければならないのかと不安に思う人もいるでしょう。実際、勧誘を受けることはよくありますが、基本的には断っています。１回だけＰＯ（すでに上場している企業が新規に株を売り出すこと）の勧誘を受けたときに、お付き合いで買ったことがあるだけです。いちいち付き合っていたら株に回すお金がなくなってしまうけれど、全部断っていたらそのうちＩＰＯも配分されなくなるかもしれないと思ったからです。

そのＰＯでは結局、50万円ほど損しましたが、その後に何度もＩＰＯをもらえて、この損失を大きく上回る利益を出せているので、たまには勧誘に応じておくのも必要なのかなと思っています。

当選したら、基本的には初値で売っています。保有を続けたい魅力的な銘柄だと思った場合は、セカンダリで改めて買い直します。

心得④
本業である仕事は安易に手放さない

個人投資家の中には、投資で稼いで仕事を辞めるＦＩＲＥ（早期リタイア、Financial Independence, Retire Early）を夢見ている人もいるかもしれません。それ自体は悪いことではないと思うのですが、ちょっと心配になるような人がいます。

具体的には、株式投資がうまくいって1年で１０００万円稼いだような人が、これからも株で稼ぎ続けられると思って仕事を辞めてしまうようなケースです。現実として投資の成果には波があり、今年１０００万円の利益を出せた人であっても、来年も同じようにできるとは限りません。むしろ、本業の収入がなくなったことで心に余裕がなくなって、冷静な投資判断ができなくなる恐れがあるのではないでしょうか。

仕事を辞めるなら、最低でも自分が定年まで働いて稼げるはずの生涯年収分ぐらいは用意してからでないと、安全とはいえません。僕自身、累計の株の利益が2億や3億になっても、それぐらいで仕事を辞めるなんてとても考えられません。10億ぐらいつくれたら、そのときやっと考え始めるぐらいの気持ちでいるので、当面は仕事をしながらでも続けられる投資法を実践することが重要だと考えています。

まとまった資金で高配当株を買って、定期的に受け取る配当収入で生活しようと計画する人もいますが、それも危ないと感じます。仮に今、300万円の配当を毎年受け取っていたとしても、それが保証されているわけではありません。ひとたび、金融ショックや大不況が来れば、安定的に配当を出していた企業が減配したり、無配に転じたりすることも十分にあり得ることです。もちろん、株価は半分になることも覚悟しなければなりません。

株式市場は不確実性の塊です。どんなに儲けられたとしても、それが永遠に続くと思ってしまうと、途端に足元をすくわれます。株式市場には、いつ、**何が起こってもおかしくないのだということを肝に銘じて、謙虚な姿勢で市場に向き合うことも重要なこと**だと思っています。

心得⑤
新NISAでテンバガーに近づけ

非課税で有利に投資できるＮＩＳＡ（少額投資非課税制度）は、２０２４年に新しい制度がスタートします。本来は、投資で利益を出すと約20％課税されるので、実質的な手取りは利益の約8割になりますが、ＮＩＳＡ口座を開設してその中で行った投資であれば、利益の全額を手にすることができるのです。

２０２４年からは、利益に課税されずに投資ができるというメリットはそのままに、より使いやすいしくみに衣替えしました。僕の場合、２０２３年までは積極的にＮＩＳＡ口座を活用してはいませんでしたが、新しいＮＩＳＡはかなり使い勝手がよくなるので24年からはフル活用するつもりでいます。旧制度からの主な変更点は以下の3つです。

1　非課税で投資できる期限がなくなる

２０２３年までの旧ＮＩＳＡは積み立て投資専用のつみたてＮＩＳＡと、個別株などにも投資できる一般NISAに分かれていました。いずれも非課税で投資できる期限が設定されており、つみたてNISAは20年、一般NISAは5年間に限定されていました。

しかし新しいNISAでは無期限で投資を続けることができるようになったので、5年以上の長期投資を考えている場合でも安心して投資できます。

2　個別株投資も積み立て投資も両方できる

旧制度ではつみたてNISAと一般NISAはどちらか一方を選んで利用するしくみで、積み立て投資をしながら個別株にも非課税投資することは認められませんでした。これが、新制度では双方を併用できるようになります。新NISAでは「つみたて投資枠」と個別株などにも投資できる「成長投資枠」が設けられており、これまで通りどちらか一方だけを使ってもいいですが、併用も可能になるのです。

3　非課税で投資できる金額が増える

非課税投資は無限にできるわけではなく、旧制度ではつみたてNISAは年40万円

●新 NISA では投資できる金額が増える

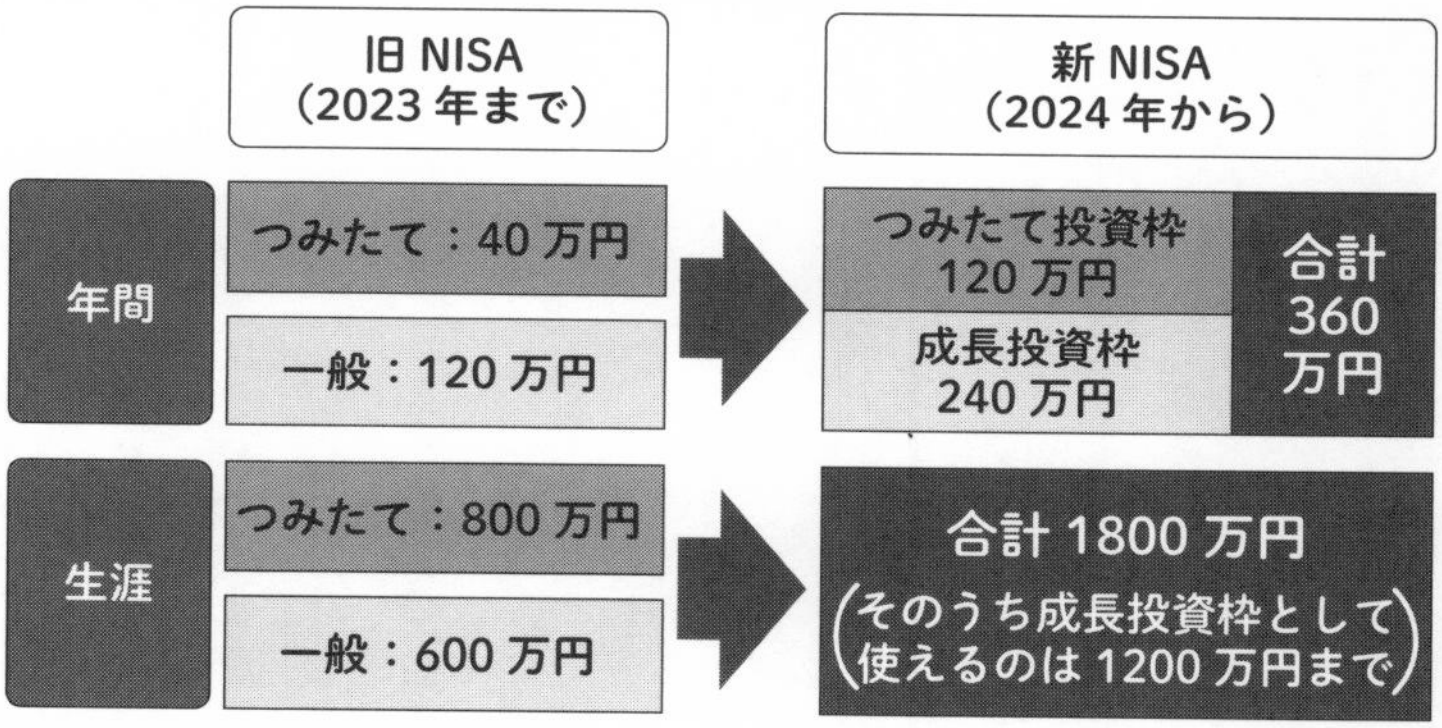

でそれを20年継続すると最大８００万円、一般ＮＩＳＡは年１２０万円が5年で、総額６００万円の非課税投資枠がありました。

それが新制度では、つみたて投資が年１２０万円、成長投資枠では年２４０万円まで投資できるよう枠が拡大されています。両者を合計すると１８００万円までの非課税投資が可能です。１８００万円のうち、成長投資枠は１２００万円までとされていますが、積み立て投資であればこうした制限はなく、１８００万円すべてを積み立て投資に使ってもかまいません。

4　非課税投資枠を再利用できる

旧制度では一度非課税投資をすると、それを売却してもその枠はもう決して使えませんでした。たとえば一般ＮＩＳＡで１２０万円の株を買って、利益が出たところで売却すると、その非課税投資枠は消滅していました。

しかし、新制度では株などを売却して空いた枠は、再利用して何度でも投資することができます。売ったその日にすぐ再利用できるわけではなく、枠が空くのは翌年以降という制限はあるのですが、１８００万円の枠を何度も利用できるということであれば、一般的な収入や資産の人ならほぼＮＩＳＡの範囲内で投資ができることになります。

新ＮＩＳＡのデメリットを軽減する投資術とは

僕の**IPOセカンダリ投資を行ううえでの新しいNISAの最大のポイントは、1年間に個別株に非課税投資できる枠が120万円から240万円と倍増したこと**です。２４０万円分投資した銘柄がもしテンバガーになれば、評価額は２４００万円で利益は２１６０万円。ここに課せられる税金約４３２万円を手元に残せることになるので、とても有利に投資できることになります。

●IPOセカンダリ投資での新NISA活用のポイント

年240万円分の個別株を非課税で投資できる

PER20倍以下の下値余地が少ない銘柄に限定

IPOの配分を受けられた場合にも活用

前述した通りこれまでの僕は、旧制度のNISAはあまり積極的には活用してきませんでした。というのも、NISAは通常の口座で可能な損益通算ができないからです。本来、株の税金は勝った銘柄の利益と負けた銘柄の損失を相殺して、残った利益だけを課税対象とすることができますが、NISAではそれができません。売却損を出したらそれっきり、損のしっぱなしなのです。

僕は年に2回、含み損がある保有株をいったん損切りして、すでに源泉徴収されている売却益に課せられた税金を取り戻す作業をしていますが、NISAではそれができないので、値上がりの確度が高いIPO当選銘柄で使うのが中心で、僕の主力であるセカンダリ投資で使うことはほとんどなかったのです。

新NISAでも損益通算ができない点は同じなのですが、これだけ枠が増えたならそのデメリットにもある程度目をつぶれるので、積極的に使っていこうと思っています。具体的には、ＩＰＯセカンダリ投資で、３章で紹介したテンバガーの条件に当てはまる項目が多い銘柄や、テンバガーの可能性が特に高いと思えるとっておきの銘柄で使いたいと思います。

また、損益通算ができないＮＩＳＡではなるべく損を出さないようにする必要があります。このため、テンバガーの条件の中でもＰＥＲの条件を特に重視して、値下がり余地の少ない割安なタイミングで投資することが重要になります。通常はＰＥＲ40倍以下であれば投資候補に入れていますが、ＮＩＳＡでは条件を厳しくして20倍以下、できれば10倍台前半の銘柄に投資するつもりです。また、これまで通り、有望なＩＰＯの配分を受けられた場合に活用することも考えています。

第7章

直近IPOの注目銘柄6選。その投資方針と判断基準

この章では、2023年にIPOした企業の中で、本書執筆時点（23年9月現在）に僕が注目している銘柄を紹介します。

ただし、これらの銘柄はあくまで僕の視点で見た注目銘柄です。僕自身もすべて保有しているわけではなく、候補としてウォッチしているだけの銘柄も含まれます。まだ投資タイミングではない銘柄もありますし、これから投資妙味が増していく可能性もあるでしょう。

読者の皆さんも、僕や他者の意見を鵜呑みにするのではなく、ご自身で評価し、投資判断をするようにしてください。

ニッポンインシュア（5843）——2023年IPO銘柄の大本命

僕の大好物の業態のひとつ、保証ビジネスを展開する企業です。賃貸住宅・店舗の家賃債務保証のほか、介護施設に入所する際や病院に入院する際の債務保証も担っています。少子高齢化の進行や単身世帯の増加により、入院時に連帯保証人を立てられない人は今後も増えていくでしょうし、外国人の保証にも対応しているとのことなので、病院側のニーズも高まっていくと期待しています。

福岡が基盤の企業ではありますが、営業圏を拡大しているので、多店舗展開ビジネスとも言えます。過去5年間、おおむね増収増益が続いており、ＰＥＲも10倍以下で割安です。時価総額も20億円ほどと小さく、経営者と創業者の持ち株比率が高い点も高評価です。

保証ビジネスを展開する同業他社のＰＥＲは10倍ぐらいが標準的なので、できればそれ以下で投資したいと考えています。安定的ではあっても、急成長が期待できる業態ではないので、テンバガーまでは望めないかもしれませんが、割安な水準で投資できれば2～3倍ぐらいは十分目指せる銘柄だと思っています。

ちなみに、同じ保証ビジネスを展開する全保連（５８４５）という企業も近い時期にＩＰＯしています。しかしこちらはすでに全国区で拡大余地が小さいこと、過去5年の業績に不安定さが見られること、ニッポンインシュアに比べると時価総額が大きくＰＥＲが高いことから、当面は様子見の予定です。

シーユーシー（９１５８）
――過小評価されている間が投資チャンスか

２０２３年6月に上場したシーユーシー（９１５８）は、かつてのテンバガー銘柄で日本最大の医師向け情報サイトを展開するエムスリー（２４１３）の子会社です。医療機関に対する経営戦略支援や訪問看護や在宅ホスピスなどの事業を多店舗展開しています。

メインの経営支援事業はストック収入が中心で、訪問看護や在宅ホスピスは介護や看護のスタッフを増やすことで成長できる営業人員依存型、なおかつ多店舗展開型ビジネスとも言えます。まさに僕が最も好ましいと思うビジネスモデルの企業で、上場前から狙っていた銘柄でした。

しかし、あのエムスリーの子会社ということもあってか、初値が高く、上場初日のＰＥＲは60倍を超えていました。割安になるタイミングを待って投資しましたが、残念ながらその後も株価は下落が続いたので、年2回の損出しのタイミングでいったん撤退しました。

保有を続けていてもいずれは上昇できる力のある銘柄だと評価していますが、投資はあまり急がず決算を2回ぐらいは確認して、市場の反応を見てからでもよかった、というのが反省材料です。ＰＥＲが10倍台かそれに近いタイミングを待って再度投資するつもりで監視を続けています。

ちなみに、上場時の進行期である２０２４年3月期は減収減益の計画です。通常、ＩＰＯする企業が最初の決算でいきなり売上も利益も前年を下回るのはあまりないのですが、この企業の場合、その前年に新型コロナワクチンの接種支援という特需があって売上が急増したという経緯があります。

次の期には新型コロナが5類感染症となって特需が消えたため、業績計画は一見して見栄えが悪い内容になってしまったのです。市場の評価が低く、株価が低迷しているのもこれが原因だと思われます。それでも、本業である訪問看護や在宅ホスピスは順調に成長しています。増収増益路線に戻るであろう25年3月期の業績計画を出す24年春までの間が、割安で投資できるチャンスになるかもしれません。

ただし、同社は時価総額が８００億円超と大きな企業なので、テンバガーというより株価2～3倍を狙う銘柄だと考えています。

ココルポート（９３４６）
――下げ止まりを待って投資したいテンバガー候補

障害者の就労移行・自立訓練などの就労支援を担う障害福祉事業所を展開する企業です。一定規模以上の企業や自治体には、障害者を一定割合雇用しなければならないルールがあります。同社は障害を持つ人たちに対して就労に必要なスキル獲得を支援し、自立サポートや企業とのマッチング・就労先での定着支援を提供し、主に自治体から報酬を得るビジネスを展開しています。

現在は事業所をどんどん新設し、規模を拡大している真っ最中であり、典型的な多店舗展開型ビジネスです。当初は首都圏が中心でしたが、東海や関西、九州でのドミナント展開をスタートさせています。

上場後1か月ほどで株価が大きく上昇しましたが、事業所の新規開設にかかるコストが利益を圧迫していることから、決算のたびに株価水準が下がっている状況です。本書執筆時点でＰＥＲが10倍台で投資するには良い水準に来ているので、下げ止まるのを待って投資したい銘柄です。

利益は市場期待ほどには伸びていないとはいえ、新規開設ラッシュが続いた事業所が軌道に乗ってくれれば、再評価される可能性は高いと考えています。時価総額も85億円ほどと小さく、テンバガーも狙える銘柄だと評価しています。

オカムラ食品工業（2938）
――グローバル展開に期待の超割安銘柄

サーモンの養殖や水産品の加工・販売を手がける企業です。地味な業種ではありますが、直近の2023年6月期の売上が289億円、営業利益が31億円と高い利益率を誇っているところにかなり興味を惹かれています。次の期の業績予想が減益なのが気にはなりますが、一時的な投資なのであれば監視する価値はあると思っています。

PERも5倍と非常に割安な点も魅力です。

ビジネスモデルとしてはあまり好みではありませんが、海外にも卸しているので、日本食ブームに乗ればおもしろい展開もあると思って注目しています。

くすりの窓口（5592）
――医療機関向け事業が好調も、投資タイミングに注意

主に調剤薬局や医療機関、患者向けに各種プラットフォームを提供する企業です。「EPARKくすりの窓口」、「EPARKお薬手帳アプリ」など患者向けサービスのほか、医療機関向けに共同仕入れや受発注サービスなどもあります。

5年連続増収増益で、時価総額も173億円程度、上場時は割高だった株価も割安な水準まで落ちてきているので、今後の決算の内容や株価の反応を見ながら、買いチャンスがあれば参戦しようかと考えています。

ネットスターズ（5590）
――黒字化が視野に入れば有望なストックビジネス銘柄

さまざまなQRコード決済やクレジットカード、電子マネーなどの決済に一括で対応できるマルチ決済ソリューション「StarPay」を提供する企業です。加盟店舗での

StarPayを使って決済された各種キャッシュレス決済の売上金額の一定割合が、手数料収入となるビジネスモデルです。

新規加盟店が積み上がっていくという意味ではストックビジネスではあり、興味を惹かれているのですが、競合が多く存在しそうな点は懸念材料です。そして何より、赤字が続いているので、当面は様子見です。

翌期以降に黒字化が見えてくるようなら候補に入れるつもりでウォッチを続けています。

おわりに
「インデックス積立以外は勝てない」そんなわけない

2003年に株式投資をスタートして、21年が経とうとしています。

その間、100年に1度の金融危機といわれたリーマンショックをはじめ、ITバブルの崩壊やコロナショックといったキツい暴落相場を経験しました。その一方で、サルでも儲かるといわれたアベノミクス相場にも立ち会うことができました。しかし僕は、どんな相場にあっても負け続ける情けない投資家でした。

それでもあきらめることなく、勝てる投資法を模索し続けてきた結果、やっと「これだ！」と思える投資法に出合うことができました。2019年にIPOセカンダリ投資を始めてからは、5年間負けなしで資産を増やすことができています。

僕の投資法は、長期保有前提のＩＰＯセカンダリ投資に、同じ銘柄での短期売買を組み合わせる方法ですが、あくまでメインは長期保有です。短期売買する時間もない人や資金に余裕がない人は、無理に短期売買をしなくても長期保有だけで十分です。これだけでも、株価数倍やテンバガーに出合い、資産を増やしていけると自負しています。

僕は本業が激務であるうえ、３人の子どもたちもまだまだ手がかかります。忙しい自分には、株で成功するのは難しいのかとあきらめかけたこともありました。しかし今は、時間がなくても勝つ方法はある、と自信を持って言えるようになりました。

僕と同じように投資に時間を割くことができない忙しい個人投資家でも、勝てる道はあります。自分でテンバガー候補を見つけ出し、投資タイミングを見極めるノウハウを身につければ、一生涯、たとえ身体が動かなくなってもスマホを操作できる限りは稼ぎ続けられるスキルとなります。老後２０００万円問題も、いつ収束するかわからないインフレも、怖くはなくなるのです。

僕の投資は、いつもX（旧ツイッター）で公開しています。同じようにテンバガー投資に挑む投資家の皆さんとつながり、情報を共有し、ともに成功を目指していきたいと思って発信を続けています。

２０２３年1月から、１００万円の元手資金でどれだけ増やせるかに挑んでいる「Ｔｗｉｔｔｅｒ（現X）１００万円チャレンジ」での資産推移についても随時発信しているので、ぜひ見届けてください。ちなみにこの原稿を書いている２０２３年９月末の時点では、１７５・５万円に到達しています。

勝てないと悩んでいる投資家の皆さんに、本書が新しい視点を提供することができたなら、これほどうれしいことはありません。

トイレスマホで「無限《むげん》10倍株《ばいかぶ》」
3年《ねん》9カ月《かげつ》で5975万円《まんえん》を稼《かせ》いだ投資術《とうしじゅつ》

2024年1月31日　初版発行

著者／テンバガー投資家《とうしかえっくす》X

発行者／山下　直久

発行／株式会社KADOKAWA
〒102-8177　東京都千代田区富士見2-13-3
電話　0570-002-301(ナビダイヤル)

印刷所／TOPPAN株式会社

製本所／TOPPAN株式会社

●お問い合わせ
https://www.kadokawa.co.jp/（「お問い合わせ」へお進みください）
※内容によっては、お答えできない場合があります。
※サポートは日本国内のみとさせていただきます。
※Japanese text only

定価はカバーに表示してあります。

ISBN 978-4-04-606542-1　C0033